JN457522

치료자용 매뉴얼

스탑! 1, 2, 3, 4

문제를 해결하는 4계단

홍현주 • 소유경 • 정윤경 • 고선영 공저

학지사

머리말

공격적이고 산만하거나, 비순응적이고 반항적인 태도를 가진 아동들은 소아정신과 외래, 학교, 정신보건센터 등에서 흔히 보지만 그 해결은 쉽지 않습니다. 이러한 문제들은 자신뿐 아니라, 주변 사람들도 힘들게 만들며, 청소년 및 성인기의 반사적인 행동으로까지 연결되기도 합니다.

'스탑! 1, 2, 3, 4'는 이러한 문제를 가진 초등학교 저학년 아동을 대상으로 하는 집단 인지행동치료 프로그램으로서 특히 문제해결 기술의 향상에 초점을 맞추었습니다. 우리 현실에 맞는 생생한 실례들을 중심으로 다양한 방법들을 동원하여 프로그램을 구성하였으며 치료자의 입장에서는 쉽고 재미있게 프로그램을 준비하고 진행할 수 있고, 참여하는 아동들도 재미있게 즐길 수 있었으면 하는 개발진의 바람을 책 속에 담았습니다.

'스탑! 1, 2, 3 4'의 시작은 2008년 경기도 군포시 보건소와 정신보건센터의 아동 정신보건사업입니다. 우리 한림대학교 성심병원 소아청소년 정신과 연구팀은 그간의 아동 집단치료 프로그램 경험을 바탕으로, 문헌 고찰 및 매주 이어지는 집중적인 회의와 토론을 거쳐서 예비 프로그램을 만들었습니다. 이 예비 프로그램은 군포시 10개 지역아동센터 아동 16명을 대상으로 실제로 진행을 한 후, 미비점을 보완한 후 현재의 내용으로 확정하였습니다. 이러한 일련의 과정들은 한림대학교 성심병원 정신과 전덕인 과장님, 소아정신과 임상강사인 민혜지 선생님, 이경수 선생님과 김소정 선생님을 비롯한 정신과 의국의 든든한 지지, 실제 임상심리실 전혜연 선생님, 서우정 선생님들의 빛나는 조언, 군포시 보건소의 김규태 소장님, 이규원 보건 행정과장님, 이종옥 방문 보건팀장님, 군포시 정신보건센터의 석정호 전 센터장님, 홍나래 현 센터장님, 박은숙 팀장님, 이봉연 정신보건 간호사님, 10개 군포시 지역아동센터의 김희영 선생님, 편지영 선생님, 손정순 선생님, 김나리 선생님, 이지혜 선생님, 고은정 선생님, 김민정 선생님, 배경희 선생님, 김명자 선생님의 도움 속에 이루어졌습니다. 예비 프로그램 진행 후, 우리는 부모님의 설문을 통해서 부모의 3/4 이상에서 전반적으로 만족스러웠고 문제행동, 공격성, 문제해결기술이 호전되었다고 보고한 것을 확인할 수 있었고, 정신과 외래를 내원한 환자들을 대상으로 본 프로그램을 진행하는 동안에도 프로그램 참여를 즐거워하고 나날이 변화하는 아동들의 모습을 볼 수 있었습니다.

딱딱한 글자들로만 채워져 있지 않고 척척이가 등장하는 예쁘고 멋진 매뉴얼과 워크북을 구성할 수 있게 되기까지는 아동 정신건강의 중요성에 동의하고 기꺼이 참여해 주신 29MEDIA의 이동준 사장님 이하 전문 편집팀과 박성호 님의 도움이 컸습니다. 이러한 과정을 통해서 2008년 여름, 치료자용 매뉴얼과 아동용 워크북의 비매품 두 권의 책자의 모습으로 탄생하게 된 본 프로그램은, 정신보건센터와 같은 아동을 다루는 현장에서 많은 호응을 이끌어 내었으며 2009년 경기도 정신보건 사업 지원단에서 선정한 우수 프로그램 상을 수상하기도 하였습니다.

2010년 9월, 좀 더 다양한 현장에서 많은 치료자들과 아동들에게 소개되고 사용되기를 기대하면서 『스탑! 1, 2, 3, 4』는 보다 발전된 모습으로 이렇게 세상에 나오게 되었습니다. 촉박한 일정 속에서도 기꺼이 출간을 맡아 주시고 전문가의 정성 어린 손길을 보태주신 학지사 김진환 사장님과 편집팀에게도 감사를 전합니다.

마지막으로 이 책을 만들어 내는 시간들을 즐겁고 보람 있게 만들어 준 우리 공저자 선생님들과 우리의 어린 친구들에게 감사의 마음을 드립니다.

2010년 9월 3일

저자를 대표하여 홍현주 드림

프로그램의 구성 및 특징

1. 어떤 아동들이 대상입니까?

본 프로그램은 산만하고 거친 초등학교 저학년 아이들을 기준으로 만들었습니다. 즉, 공격적이거나 화를 잘 내고, 지시나 규칙을 잘 따르지 못하고, 반항적이고, 친구를 괴롭히고 자주 싸우며, 거짓말이나 속이는 행동을 보이는 아동들의 문제 행동을 감소시키며 문제 해결 방법을 향상시키는 것을 목적으로 합니다. 이러한 문제를 보이는 아동들은 주의력결핍 과잉행동장애, 적대적 반항장애, 행실장애, 우울증으로 진단되기도 하지만 진단 유무가 프로그램 적응증을 의미하는 것은 아닙니다. 어떤 진단명이든, 또는 진단을 할 정도는 아니지만, 위와 같은 문제로 학교와 가정, 그리고 집단 활동에서 자신이나 타인에게 방해가 될 정도라면 본 프로그램으로 도움을 받을 수 있습니다.

2. 이 프로그램의 특징은 무엇입니까?

문제 해결 기술 훈련 중심의 인지행동치료 프로그램으로서 쉽고 구체적인 접근 방법을 특징으로 합니다. 개발진들이 엄선한 우리 현실에 맞는 구체적인 실례를 이용해서 그림, 역할극과 같은 다양한 활동을 활용하고 있습니다. 특히 프로그램 진행에 유용한 도구 세트가 포함된 치료자용 매뉴얼뿐 아니라, 아동이 직접 그림을 그리고 글을 쓰고 활용할 수 있는 아동용 워크북이 같이 포함되어 있습니다.

3. '스탑! 1, 2, 3, 4'는 무엇인가요?

문제 해결 기술 향상을 위한 본 프로그램의 핵심 인지-행동틀입니다. 문제 해결 기술이란 문제를 잘 인식하고, 어떤 결과가 나올 것인지를 예측해서 최선의 선택을 하게 되는 일련의 인지 과정을 의미합니다. 예를 들어, 쉽게 공격적인 반응을 하는 아이들의 문제 해결 방식을 살펴보면 상대방의 반응을 보다 적대적인 의미로 해석하며 다양한 해결 방법을 생각해 내지 못하고 단순하고 공격적인 해결을 하려 합니다. 또한 공격적인 행동의 결과에 대한 도덕적인 인식이 약하고 행동하기 전에 먼저 생각해서 결정하는 것에 익숙하지 못합니다.

본 프로그램에서는 이러한 문제 해결 과정을 '스탑! 1, 2, 3, 4'로 단순화시켜 아동들이 잘 기억하고 익숙해지도록 했습니다. 어떤 일이 생겼을 때 무작정 행동을 하기보다는, 우선 멈추어서 차근차근 생각을 한 후 가장 좋은 방법을 택해서 행동하는 것이 바로 바람직한 문제 해결 기술입니다. 이러한 인지 과정은 마치 계단을 오르듯이 차례 차례 단계를 밟아 가는 것이며 본 프로그램에서는 '스탑! 1, 2, 3, 4'로 표현됩니다.

'스탑' 단계는 행동을 하기 이전에 생각을 위해서 멈추는 것을 의미합니다. 첫 번째 계단은 "무엇이 문제지?"로 문제를 인식하는 단계이며, 두 번째 계단은 "어떻게 할까?"로 가능한 방법들과 그 결과들을 생각합니다. 세 번째 계단은 "그래, 이렇게 해 보자."로 최선의 방법을 선택하는 것이며, 네 번째 계단은 "잘했나?"로 자신이 한 행동과 결과를 되짚어 보는 것입니다.

4. 전체 프로그램의 구성과 내용은 어떻게 이루어져 있습니까?

전체 프로그램은 12회기로 구성되어 있고 각 회기는 2시간을 기준으로 만들었습니다. 각 회기에서 이루어지는 활동의 형식은 비슷하나, 그 내용은 각 회기의 목표에 따라 다양하게 구성됩니다. 프로그램의 시작은 아동들의 참여와 흥미를 유발하는 간단한 촉진 게임으로 시작을 하며 흔히 문제가 될 수 있는 구체적인 상황을 중심으로 토론 · 역할극 · 그림 · 게임 등의 다양한 활동을 통해서 문제 해결 4계단에 익숙해지고 익힐 수 있습니다. 아울러 대인관계 기술, 기분 조절, 상황 인식과 적절한 자기 표현, 규칙과 지시 따르기와 같은 구체적인 사회 기술들을 아이템 카드를 활용해서 익히게 됩니다.

5. 아동의 프로그램 참여에 대한 동기 유발과 프로그램 진행 시간 동안의 행동 조절을 위해서는 어떤 방법이 사용되나요?

효과적인 프로그램이 되기 위해서는 아동의 적극적인 참여와 안정된 분위기를 유지하는 것이 중요합니다. 본 프로그램에서는 스티커 제도, 중간 파티, 오늘의 최고, 노란 스티커 떼기, 종료식 등을 통해 아동의 긍정적인 행동을 강화시키고 프로그램 참여에 따른 동기를 부여하며 효과적인 치료적 프로그램의 분위기를 이끌어 나갑니다. 아울러 뒷장의 일반 지침에서 기술하고 있는 구체적인 운영 방법을 활용하십시오.

① 스티커 제도

매뉴얼에는 각 회기마다 구체적으로 스티커를 받을 수 있는 기준이 제시되어 있습니다. 이 기준에 따라 아동은 두 가지 형태의 스티커를 받게 되는데 바람직한 행동을 하였을 때는 파란색 칭찬 스티커가 주어지며 문제 행동을 했을 때에는 노란색 경고 스티커가 주어집니다. 일차적으로는 바람직한 행동을 격려하는 것이 더 중요한 목적입니다. 매 회기마다 가장 잘 수행한 아동은 '오늘의 최고'로 선발하여 다 같이 축하해 주며 회기가 모두 끝났을 때에는 가장 많은 파란 스티커를 받은 아동과 가장 적은 노란 스티커를 받은 아동에게 상을 줍니다.

➲ 여기서 한 가지!

본 프로그램은 한 회기당 평균 8개 정도의 파란 스티커를 받을 수 있도록 구성되었습니다.

② 중간 파티

스티커를 이용한 개인별 강화뿐 아니라 단체 강화도 있는데 모든 구성원들이 받은 스티커의 총합이 특정 숫자에 다다르게 되면 아동들이 즐길 만한 간단한 다과(예: 피자 파티)로 중간 파티를 시행합니다. 목표 스티커 숫자는 첫 회기 때 제기되며 일반적으로 프로그램의 중간 회기 정도면 도달할 수 있는 목표를 설정하는 것이 좋습니다.

③ 노란 스티커 떼기

노란 스티커를 많이 받은 아동의 경우, 프로그램 중반을 넘어가면서 부적 강화 효과보다는 오히려 프로그램 전반에 대한 참여 동기가 떨어져서 전체 집단의 분위기를 흐리게 만들기도 합니다. 본 프로그램에서는 중간 파티 이후에 아동 간의 개인 차가 두드러지는 때인 7회와 10회기에 노란 스티커 떼기 활동을 구성하여 노란 스티커를 줄일 수 있는 기회를 제공하여 동기를 다시 올릴 수 있도록 합니다.

④ 각 회기 평가

회기가 끝나면 치료자는 항상 각 개별 아동의 수행 정도를 평가해 주며 아동들 역시 자가 평가를 하게 됩니다. 이를 통해 객관적으로 자신을 평가해 볼 수 있습니다. 아울러 부모님의 확인란을 두어서 항상 부모님과 원활한 의사소통을 할 수 있게 합니다.

프로그램 운영법

1. 몇 명의 치료자가 필요하며 한 집단에는 몇 명의 아동이 참여하나요?

본 프로그램의 원활한 진행을 위해서 주 치료자 1인과 보조 치료자 1인, 7~8명의 아동이 참여하는 것을 기준으로 하며, 최대 10명의 아동까지 참여할 수 있습니다. 참여 아동의 수가 이보다 더 많거나 특별 지도할 아동이 3명 이상일 경우에는 보조 치료자를 한 명 더 보완해 줍니다.

2. 어떤 사람이 치료자가 될 수 있으며 주 치료자와 보조 치료자의 역할은 무엇인가요?

본 프로그램은 다양한 현장에서 아동들을 접하는 전문가들이 사용하실 수 있습니다. 지역정신보건센터, 학교, 병의원 소아정신과, 심리치료실 등의 다양한 현장에서 일하시는 선생님들께서 사용할 수 있도록 쉽고 구체적으로 프로그램 진행 과정을 기술했습니다.

＊ **주 치료자:** 프로그램을 총괄하는 책임자이며 프로그램의 주 진행을 담당합니다.

＊ **보조 치료자:** 프로그램의 촉진자로서 주 치료자를 도와서 진행이 원활하게 하며 규칙판의 스티커 기준에 따라 스티커를 붙여 주면서 적절한 강화를 해 줍니다.

3. 프로그램 운영에 필요한 준비물은 무엇인가요?

- 본 프로그램은 프로그램 운영에 필요한 준비를 최소화했습니다. 매뉴얼과 함께 제공되는 치료자용 도구 세트에는 ① 문제 해결 4계단을 설명하는 그림 5장 ② 참여 아동의 수행 정도를 나타내는 2장의 평가판 ③ 프로그램 규칙을 제시하는 2장의 규칙판 ④ 감정 카드가 있습니다. 평가판의 경우, 이 두 장을 합쳐 하나의 평가판을 만들 수 있는데 Blue는 윗부분이 되고 Yellow는 아랫부분이 됩니다. 이 도구들은 프로그램이 진행되는 동안 항상 벽에 게시해 주십시오.
- 치료자용 매뉴얼에는 각 회기마다 필요한 준비물이 단계마다 제시되어 있으며 프로그램 시작 전에 잘 챙겨 주셔야 합니다. 원활한 프로그램 진행을 위해서 매뉴얼, 워크북, 도구 세트뿐 아니라 필기도구(연필, 색연필, 지우개), 아동의 행동 강화용 파란색과 노란색 스티커, 이름표, 손인형, 쿠션이 프로그램 운영에 필요합니다.

4. 효과적 프로그램 운영을 위해 치료자 선생님께 드리는 일반 지침은 다음과 같습니다.

- 회기 진행 전 준비물을 꼭 확인하셔서 준비해 주십시오.
- 본 프로그램은 지식을 전달하는 학습 프로그램이 아니라 감정과 행동을 다루는 치료 프로그램이기에 아동과 선생님의 상호작용이 중요합니다. 일방적인 주입식 공부시간이 되지 않도록 적극적으로 아이들의 활동을 유도해 주시고, 선생님들도 적극적으로 활동해 주세요.
- 회기 중에 사용하는 단어들은 초등학교 저학년 아동의 이해능력을 고려해 가능한 한 쉽고 명료한 언어들을 사용해 주세요.
- 사람들의 기분은 옆사람들에게 전염이 된다고 하지요. 선생님들께서 밝고 명랑한 모습으로 이야기하며 회기를 진행해 주신다면 우리 아이들도 좋은 기분으로 회기에 집중할 수 있습니다.
- 효과적인 행동 교정을 위해서는 아동이 긍정적/부정적 행동을 한 바로 그 시점에서 강화를 주는 것이 좋습니다. 시간이 오래된 후 강화를 해 주게 되면 아동들은 자신의 어떤 행동 때문에 지금 칭찬/처벌을 받는 것인지 모를 수 있지요. 스티커 제도도 마찬가지로 매뉴얼의 Blue와 Yellow 스티커 기준에 따라 행동 직후에 바로 강화를 해 주는 것이 좋습니다.

  ➊ 여기서 한 가지!

  매 회기마다 빨간 스티커도 준비하셔서 오늘의 최고에게만 특별히 주시면 프로그램 참여에 대한 동기가 유발됩니다.

- 비순응적인 행동을 하는 아동들을 위한 프로그램이기 때문에 회기 중에 방해가 되거나 참여하지 않는 아동들이 있을 수 있습니다. 그런 경우 보조 치료자가 문제가 되는 아동 옆에서 밀착 지도를 해 주는 것이 도움이 됩니다. 밀착 지도와 스티커 제도로 통제가 되지 않을 경우에만 선택적으로 너무 길지 않은 시간(5 ~ 10분) 동안 타임 아웃 기법을 사용할 수 있습니다.
- 칭찬과 관심에 익숙하지 않은 아동의 경우, 노란 스티커를 받는 것을 치료자의 관심을 받는 정적 강화로 여겨서 부정적인 행동을 더 많이 유발하기도 합니다. 그런 경우 다음과 같은 방법이 도움이 됩니다.

  ➊ 첫째, 문제 행동에 대해 노란 스티커를 주지 않고 무시합니다. 동시에 다른 아동들의 바람직한 행동에 관심을 보이면서 파란 스티커를 줍니다. 예를 들어, 한 아동이 계속 자리를 이탈하여 돌아다니면 그 아동에게 노란 스티커를 주기보다는 자리에 착석해 있는 아동에게 파란 스티커를 줍니다.

  ➊ 둘째, 집단 구성원들에 의한 강화를 이용합니다. 예를 들어 자리를 이탈하여 돌아다니는 아동이 있을 때 치료자는 그 아동에게 직접적인 대응을 하기보다는 집단 전체에게 "모두가 3분 동안 바르게 잘 앉아 있으면 전체에게 파란 스티커를 주겠다."고 공지를 합니다. 그러면 집단의 다른 참여 아동들이 자연스럽게

문제 아동에게 잘 앉아 있도록 요구를 하게 됩니다. 이처럼 공동으로 협력해야 하는 상황이 주어지게 되면 아동들끼리 피드백을 주고받으면서 문제 행동이 교정되기도 합니다.

- 아이들이 부정적/비순응적/파괴적 행동을 할 때에는 정서적으로 동요하지 않고 중립적이고 객관적인 태도를 유지해 주세요. 화내고, 소리치고, 꾸중하는 것은 회기 밖에서 이미 아이들이 수없이 경험했지만 효과가 없었던 방법입니다.
- 지속적으로 프로그램 진행을 방해하고 참여 동기가 심각하게 떨어져 있는 아동에게는 치료자가 개별적인 아동 면담을 시도할 수 있습니다. 다른 아동들이 알아차리지 못하도록 회기 전이나 후에 따로 시간을 정해서 아동을 만나서 프로그램에 대한 개별 가이드 및 문제 행동과 관련된 촉발 요인에 대한 탐색을 시도합니다.
- 본 프로그램의 난이도는 평균 수준의 지능을 가진 아동들에게 맞추어져 있습니다. 지능 지수가 80 이하 아동의 경우에는 프로그램의 활동을 이해하고 참여하는 데 어려움이 있을 수 있습니다. 만일 집단의 참여 아동에 비해 난이도가 높다고 여겨질 때에는 하나의 회기를 둘로 나누거나 개별 활동을 단순화해서 적용하셔도 됩니다.

참고문헌

안동현, 김세실(1997). 말 안 듣는 아이. 하나의학사.
안동현, 김세실, 한은선(2004). 주의력결핍 장애아동의 사회기술훈련. 학지사.
오경자, 민성길, 박중규, 고려원(1998). 아동의 비순응 및 공격행동 개선을 위한 인지행동치료의 개발. 한국심리학회지: 임상, 17(2), 1-15.
Camp, B. W. (1981). *Think Aloud.* Champaign, Illinois: Research Press.
Kendall, P. C. (1992). *Stop and Think Workbook.* Workbook Publishing.

차례

01 척척 교실에 온 것을 환영해요!

목표

❶ 프로그램의 목표와 내용을 이해하며 프로그램에 대한 기대감을 높인다.
❷ 긍정적으로 자신을 이해하고 표현할 수 있으며 같이 참여한 친구들 및 치료자와 친근한 관계를 맺는다.
❸ 프로그램 내에서의 행동에 대한 책임의식을 일깨우며 자발적인 프로그램 참여를 이끌어 낸다.

회기 구성

1. 치료자 및 참여 아동 인사 **15분**
2. 프로그램 소개 **35분**
3. 계약서 작성 **10분**
4. 〈활동 1〉 나를 보여 주마! **40분**
5. 〈활동 2〉 나는 특별해! **10분**
6. 정리 및 과제 내주기 **10분**

워크북 04~09쪽

활동 내용

준비물
이름표, 필기도구

1. **치료자 및 참여 아동 인사 15분**
   - 치료자들이 인사를 하면서 자신의 소개를 한다. 자신의 이름과 역할을 말하며 프로그램 참석에 대한 환영인사를 한다.
   - 이름표 만들기 및 참석자 인사: 준비해 온 이름표용 종이에 각자의 이름을 쓰게 하여 이름표를 만든 후 이름표를 무작위로 섞는다. 이 중 주 치료자가 하나를 뽑아서 처음 인사할 아동을 선정하며 다음 발표 순서는 먼저 발표한 아동이 이름표를 뽑아서 이름을 부르는 형식으로 진행할 수 있다.
   - 이름표는 집게 형태로 준비하며 프로그램 기간 내내 옷에 부착하여 달고 있도록 한다.

2. **프로그램 소개 35분**

   ① 소개

- 아이들의 눈높이로 설명을 하며 어떤 내용으로 진행되며 참여하는 아동은 어떤 것을 해야 하는지에 대해서 소개한다.
- 척척 교실은 신나고 재미있는 시간이 될 것을 알린다.
- 아동의 참석과 적극적인 활동을 유도한다.
- 프로그램 참여가 잘못된 행동에 대한 벌이거나 낙인이 아니라, 대단한 행운이며 기회라는 것을 강조한다.
- 프로그램 일정 및 내용 소개: 날짜, 시간, 장소, 놀이, 그림 등 다양한 활동과 과제

준비물
워크북, 필기도구, 스티커, 화이트보드, 규칙판, 스티커판

② 워크북 배부 및 설명: 참여 선물로 나누어 준다.

③ 프로그램에서 바라는 것, 배우기를 희망하는 것 등을 참여 아동들로부터 듣는다.

④ 규칙 정하기

- 프로그램 내, 함께 지켜야 할 규칙을 정하기로 한다. 먼저 치료진끼리 상의된 규칙 몇 가지(출석, 지각하지 않기, 친구를 때리지 않기, 숙제해 오기 등)를 치료자가 먼저 제시하고 아이들에게 그다음에는 어떤 것들을 지켜야 하는지 묻고 토론하면서 정한다.
- 보조 지료자 1인은 그 내용을 화이트보드에 쓴다.
- 정해진 규칙은 별도의 규칙판에 부착하고 매 회기 게시한다.

⑤ 스티커 제도 설명

- 스티커를 주는 기준, 시기, 스티커 받은 개수에 따른 강화제도, 중간 '피자 파티' 등에 대해 소개하고 첫 참석에 대해서 축하하면서 모두에게 첫 번째 스티커를 붙여준다.

3. 계약서 작성 10분

워크북(p. 06) 안에 있는 계약서를 작성하고 사인을 한다.

준비물
워크북 〈계약서〉

4. 〈활동 1〉 나를 보여 주마! 40분

자신과 서로를 이해할 수 있는 시간이다.

① 워크북 내 〈나를 보여 주마!〉 활동지를 작성한다.

② 작성한 활동지를 짝과 바꾸고 짝이 작성한 활동지를 발표한다.

③ 발표를 한 뒤, 각 구성원들은 작성자에 대해 궁금한 점을 묻고 그 사람의 좋은 점들을 찾아내 칭찬해 준다.

④ 칭찬을 받은 사람은 우선 '고맙습니다' 라고만 말을 한다.

⑤ 모든 참여자들이 다 발표하고 나서 각자 타인이 나를 소개해 준 것과 다른 사람으로부터 칭찬받은 소감을 이야기한다.

준비물
워크북 〈활동 1〉, 필기도구

5. **〈활동 2〉 나는 특별해! 10분**

우리 모두 소중한 존재라는 말을 하면서 워크북의 〈나는 특별해!〉의 문구를 돌아가면서 함께 낭독한다. 나 자신과 주변의 모든 사람을 더 많이 아끼고 사랑하며 존중하자는 의미임을 이야기한다.

준비물
워크북 〈활동 2〉

6. **정리 10분**

- 옆사람의 손을 잡고 돌아가면서 오늘 활동에서 느낀 점을 이야기하게 한다.
- 오늘의 최고를 뽑은 후 축하해 준다.
- 평가 담당 치료자가 스티커를 붙여 주고 평가를 한다.
- **오늘의 과제**: 워크북의 2회기를 미리 읽고 부모님 확인 받기

준비물
스티커, 워크북 〈오늘의 과제〉

스티커 기준

Blue

① 참석 | ② 지각하지 않았을 때 | ③ 〈활동 1〉 나를 보여 주마 완성 | ④ 〈활동 2〉 나를 보여 주마 활동 중 친구를 칭찬했을 때 | ⑤ 오늘의 최고 | ⑥ 바른 자세로 앉아 있을 때

Yellow

① 싸우거나 때리기 | ② 욕하기 | ③ 거짓말하기 | ④ 친구 놀리기 | ⑤ 경고 3번 이후에도 선생님 말을 안 들었을 때

Tips

❶ 이름이 뽑힌 아동이 발표하는 것이 끝나면 박수 치며 환영한다.

❷ 규칙을 정할 당시 부적절하거나 장난스러운 반응이 나올 경우, 일단 기입은 하되, 토론 과정에서 구성원들이 부적절하거나 장난스러운 반응을 선택한다면 치료진이 프로그램의 목적 및 일반적인 관습에 기초하여 이러한 규칙이 선택되지 않도록 유도한다.

❸ 계약서에 '부모님' 서명 시 부모님과 함께 살지 않는 아동의 경우 보호자에게 서명을 받으면 된다고 설명해 준다. 보호자의 의미를 이해하지 못하는 경우, 같이 살고 있는 할머니와 같은 어른들이라고 예를 들며 설명해 준다.

❹ 프로그램에서 바라는 것을 이야기할 때 아동이 적절한 반응을 하지 못하면 보조 치료자가 적절한 답안을 유도할 수 있다.

❺ 〈활동 2〉 '나는 특별해!'에서 시간이 부족한 경우에는 다 같이 읽을 수 있다.

02 '스탑! 1, 2, 3, 4' -문제를 해결하는 4계단

목표 ❶ 적응적 행동을 위해 필요한 기본 행동–인지틀인 '스탑! 1, 2, 3, 4'를 이해한다.
❷ 놀이에 적용한 반복 연습을 통해 '스탑! 1, 2, 3, 4'를 확실하게 기억할 수 있도록 한다.

회기 구성

1. 인사, 복습, 과제와 규칙 확인 **15분**
2. 촉진 게임: '토끼와 거북이' 박수 치기 **10분**
3. 〈활동 1〉 색칠하기 1 **10분**
4. 〈활동 2〉 '스탑! 1, 2, 3, 4' **20분**
5. 〈활동 3〉 색칠하기 2 **20분**
6. 〈활동 4〉 탑 쌓기(젱가) 게임을 하며 '스탑! 1, 2, 3, 4'를 말로 연습하기 **35분**
7. 정리 및 과제 내주기 **10분**

워크북 10~16쪽

활동 내용

1. 인사, 복습, 과제와 규칙 확인 15분

- 치료자와 아동은 인사를 한 후 지난 시간에 했었던 '나를 보여 주마' '나는 특별해'에 대해 간단히 정리를 해 본다.
- 지난시간 정한 규칙에 대해 설명하고 정리된 규칙판을 잘 보이는 곳에 붙여 놓는다. 단체 스티커 부착판도 함께 붙여 놓는다.
- 지난 시간 과제를 확인한다.

준비물
이름표, 규칙판, 스티커판, 스티커, 문제 해결 4계단 그림판

2. 촉진 게임 10분

- **토끼와 거북이 박수 치기** '토끼와 거북이' 이야기를 들려 주며 토끼가 나올 때만 박수 치기, 거북이가 나올 때만 박수 치기, 토끼와 거북이 모두에서 박수 치기 게임을 진행한다.
- 게임을 하며 치료자에게 주의를 집중하는 분위기로 유도한다.

3. **〈활동 1〉 색칠하기 1 10분**

- 워크북(p. 13)에 있는 캐릭터를 계획 없이 빠른 시간 내에 색칠해 보도록 한다.
- 칠하기 쉬운 간단한 도형, 칠하기 어려운 복잡한 그림을 치료자의 특별한 도움이나 조언 없이 스스로 칠해 보도록 하여, 계획 없이 과제를 수행했을 때 더 잘 하지 못할 수 있다는 것을 알도록 한다.

준비물
워크북 〈활동 1〉, 색연필

4. **〈활동 2〉 '스탑! 1, 2, 3, 4' 20분**

- 문제 해결시 적용할 기본 행동–인지틀인 '스탑! 1, 2, 3, 4'를 설명해 준다.
- 워크북의 각 단계 그림 밑에 ①~⑤의 제목을 적어 보도록 하고, 치료자는 준비된 각 단계의 그림을 벽에 하나씩 붙여나간다.

① 스탑!
② 무엇이 문제지?
③ 어떻게 할까?
④ 그래, 그렇게 해 보자.
⑤ 잘했나?

준비물
워크북 〈활동 2〉, 문제 해결 4계단 그림판

5. **〈활동 3〉 색칠하기 2 20분**

- '스탑! 1, 2, 3, 4' 방법을 적용하여 색칠하기를 어떻게 하면 될지를 이야기한다.
- 계획한 단계에 따라 워크북(p. 15)에 있는 캐릭터를 색칠을 해 본다.
- 〈활동 1〉에서 색칠한 것과 비교해 본다.

준비물
워크북 〈활동 3〉, 색연필

6. **〈활동 4〉 탑쌓기(젱가) 게임을 하며 '스탑! 1, 2, 3, 4'를 말로 연습하기 35분**

- 두 조로 나누어 탑쌓기를 하며 '스탑! 1, 2, 3, 4'를 반복적으로 말로 표현하며 연습하고 자연스럽게 암기하도록 한다.
- 예) **스탑!** 일단은 멈춘 후,
  무엇이 문제지? 나는 여기 있는 젱가 토막 하나를 빼어 내야 해.
  어떻게 할까? 그냥 아무거나 빼 볼까? 아니면 탑이 쓰러지지 않도록 조심조심 빨간색 토막을 빼 볼까?
  그래, 그렇게 해 보자? 그래, 조심조심 빨간색 토막을 빼

준비물
탑쌓기(젱가) 놀이도구

는 방법이 좋겠다. 나는 빨간 토막을 조심조심 꺼내고 있어.

잘했나? 그래 탑이 쓰러지지 않고 빨간 토막만 빼 내었다. 야호!

7. 정리 10분

- 옆사람의 손을 잡고 돌아가면서 오늘 활동에서 느낀 점을 이야기하게 한다.
- 오늘의 최고를 뽑은 후 축하해 준다.
- 평가 담당 치료자가 스티커를 붙여 주고 평가를 한다.
- **오늘의 과제:** '스탑! 1, 2, 3, 4'를 두번 적고 '스탑! 1, 2, 3, 4'가 적용될 수 있는 상황을 한 가지를 적어 오도록 한다.

준비물
워크북 〈오늘의 과제〉,
필기도구

스티커 기준

Blue

① 참석 | ② 지각하지 않았을 때 | ③ 〈활동 1〉 색칠하기 1 완성 | ④ 〈활동 3〉 색칠하기 2 완성 ⑤ 〈활동 4〉 탑쌓기하며 '스탑! 1, 2, 3, 4'를 잘 암기할 때 | ⑥ 오늘의 최고 | ⑦ 바른 자세로 앉아 있을 때 | ⑧ 과제를 해 왔을 경우

Yellow

① 싸우거나 때리기 | ② 욕하기 | ③ 거짓말 하기 | ④ 친구 놀리기 | ⑤ 경고 3번 이후에도 선생님 말을 안 들었을 때

Tips

❶ 반갑게 아이들과 인사를 나누어 주고 이름을 외워서 이름을 호명하며 인사를 해 준다. 지난 시간 과제에 대해 스티커 보상을 주는 것을 잊지 않도록 한다.

❷ 토끼와 거북이 게임을 진행할 때에는 목소리의 톤과 크기를 다양하게 조절하며 재밌게 진행한다.

❸ 계획 없이 할 때 과제 수행이 저조할 수 있다는 것을 아동 스스로 체험하게 하는 것이므로 어려워하거나 도움을 요청해도 도와주지 않고 스스로 과제를 하도록 유도하며 빠른 시간 내 수행할 것을 강조한다.

❹ 본 프로그램의 핵심적인 행동-인지틀이므로 모든 아동이 잘 이해하도록 전달한다. 그림을 사용하고, 각 그림과 비슷한 제스처를 크게 행하며 생동감 있게 진행한다.

❺ '스탑! 1, 2, 3, 4'를 잘 이해하지 못한 아동에게는 보조 치료자가 옆에서 도움을 주는 것이 가능하지만, 아동이 주도적으로 각 단계를 말로 표현하도록 해야 한다.

❻ 두 팀으로 나누어 진행되므로 '스탑! 1, 2, 3, 4' 연습보다 아이들이 승부에 더 집중할 수 있으므로 치료자가 사이사이 주의를 환기시키며 과도하게 승부에 집착하지 않도록 해 준다.

❼ 놀이 상황뿐 아니라 다양한 사회적 상황에서도 사용될 수 있음을 알려 주고 '스탑! 1, 2, 3, 4'가 적용될 수 있는 예들을 몇 가지 들어 주도록 한다. 예: 레고로 집을 만들 때, 독서 노트를 적을 때, 방 청소할 때 등

03 무슨 일이지? 어떻게 하면 좋을까?

목표

❶ 주변에서 일어나는 상황들을 이해하고 앞으로 어떤 일이 생길지를 예측해 본다.
❷ 상황 인식 문제를 해결하는데 '스탑! 1, 2, 3, 4'를 적용해 보도록 한다.
❸ 상황 파악하기 과정을 인형을 이용한 역할 연기를 해보며 익히도록 한다.
❹ '상황 파악하기' 사회 기술을 습득하도록 한다.

회기 구성

1. 인사, 복습, 과제와 규칙 확인 **15분**
2. 촉진 게임: 선생님이 말하길 게임 **10분**
3. 〈활동 1〉 그림 속에선 지금 무슨 일이? **10분**
4. 〈활동 2〉 그림 속에선 다음에 어떤 일이? **10분**
5. 〈활동 3〉 손인형으로 역할극하기 **45분**
6. 상황 파악하기 기술 배우기 **20분**
7. 정리 및 과제 내주기 **10분**

워크북 18~23쪽

활동 내용

1. 인사, 복습, 과제와 규칙 확인 15분

- 치료자는 아동과, 인사를 한 후 과제를 확인하고 스티커를 준다.
- 교실에서 정한 규칙을 소리 내어 읽어 보며 확인한 후 벽에 게시한다.
- 지난 시간에 배운 문제 해결 4계단을 같이 읽으면서 벽에 게시한다.
- 단체 스티커 부착판도 함께 게시한다.

준비물
이름표, 필기도구, 규칙판, 문제해결 4계단 그림판, 스티커판, 스티커

2. 촉진 게임 10분

준비물
워크북

- **선생님이 말하길 게임** 간단한 동작이 요구되는 지시를 아이들에게 해 줄 때 '선생님이 말하길'이라고 한 후 지시한 동작에만 지시를 수행하도록 하는 게임
  예) 선생님이 말하길~ 모두 코를 킁킁거려 보세요. (동작 수행 O)
  예) 선생님이 말하지 않았어요~ 모두 엉덩이를 들썩 거려 봐요. (동작 수행 ×)
  다 같이 박수를 치세요! (동작 수행 ×)
- 게임을 진행하며 마지막 지시에서: "선생님이 말하길! 워크북을 꺼내세요." 라고 지시해 자연스럽게 다음 활동을 준비하도록 한다.

3. 〈활동 1〉 그림 속에선 지금 무슨 일이? 10분

준비물
워크북 〈활동 1〉, 화이트보드

- 워크북(p. 20): '놀다 보니까 수업이 시작되는지 몰랐는데, 선생님이 혼을 내신다.'
- 그림을 보고 지금 어떤 일이 일어나고 있는지 희망자가 발표해 보도록 한다.
- 보조 치료자는 아이들이 발표하는 상황 설명들을 화이트보드에 적어 나간다.

4. 〈활동 2〉 그림 속에선 다음에 어떤 일이? 10분

준비물
워크북 〈활동 2〉, 화이트보드

- 워크북(p. 20) 그림의 상황 다음에는 어떤 일이 일어날 수 있는지를 워크북에 작성하고 발표해 보도록 한다.
- 여러 가지의 결과들이 있을 수 있다는 설명을 해 주고 다양한 결과들을 이야기하도록 한다.
- 보조 치료자는 아이들이 말하는 다음 상황들을 화이트보드에 적는다.

5. 〈활동 3〉 손인형으로 역할극 하기 45분

준비물
화이트보드, 손인형

- 둘씩 짝을 지어 문제 해결 4계단을 이용해 〈활동 2〉에서 일어난 상황을 시나리오로 만들어 본다.
- 작성한 시나리오에 따라 손인형으로 역할극을 해 본다.
- 각각의 짝을 지은 아이들이 〈활동 2〉에서 행해진 결과들을 각각 하나씩 역할극으로 해 봄으로써 다양한 결과들을 비교해 볼 수 있도록 한다.

6. 상황 파악하기 기술 배우기 20분

- 이 상황에서 필요한 '상황 파악하기' 사회적 기술에 대해서 배운다.
- 워크북의 아이템 카드를 오린 뒤 공란에는 아이들이 스스로 생각해 낸 방법을 적게 한다.

준비물
워크북 〈아이템 카드〉,
필기도구

〈사회적 기술 – 상황 파악하기〉

① 무슨 일이 일어났는지 주변을 잘 살펴본다.
 : 주변의 사람과 주변에 일어난 일들을 주의 깊게 관찰해 보면 어떤 상황인지 알 수 있다.

② 무슨 일이 일어났는지 물어본다/생각해 본다.
 : 주변을 살펴봐도 어떤 상황인지 이해가 되지 않으면, 한 번 더 생각해 보거나 다른 사람들에게 물어본다.

③ 다음 상황이 어떨지 예상해 본다.
 : 어떤 상황인지를 알게 된 후 다음에 어떤 일이 일어날지를 미리 생각해 보면 다음 상황에 잘 대처할 수 있다.

7. 정리 10분

- 옆사람의 손을 잡고 돌아가면서 오늘 활동에서 느낀 점을 이야기하게 한다.
- 오늘의 최고를 뽑은 후 축하해 준다.
- 평가 담당 치료자가 스티커를 붙여 주고 평가를 한다.
- **오늘의 과제**: 상황 파악하기 기술 카드를 사용해 보고 그 결과를 워크북에 적는다.

준비물
워크북 〈오늘의 과제〉,
필기도구

스티커 기준

Blue

① 참석 | ② 지각하지 않았을 때 | ③ 숙제를 해 왔을 때 | ④ 〈활동 1〉에 대해 자원해 발표할 때 ⑤ 〈활동 2〉에 대해 자원해 발표할 때 | ⑥ 〈활동 3〉 역할극을 했을 때 | ⑦ 바른 자세로 앉아 있을 때 | ⑧ 오늘의 최고

Yellow

① 싸우거나 때리기 | ② 욕하기 | ③ 거짓말하기 | ④ 친구 놀리기 | ⑤ 경고 3번 이후에도 선생님 말을 안 들었을 때

Tips

❶ 아이들의 이름을 반갑게 호명하며 인사를 하고 아이들 간에도 인사를 하도록 유도한다. 돌아가며 악수하기, 돌아가며 손 흔들기 같은 절차를 사용해도 좋다.

❷ 지시 동작들을 재미있는 동작들(코 씰룩거리기, 윙크하기, 어깨춤 추기 등)로 구성하여 재미있게 진행한다.

❸ 손을 드는 아이부터 자원해서 발표하도록 한다. 스티커를 제공한다.

❹ 자원하는 아이들을 지적해 발표시키지만, 앞의 〈활동 3〉에서 이야기하지 않은 아이들에게 발표권을 주어 스티커를 받도록 해 준다.

❺ 치료자와 아이들이 함께 먼저 큰 소리로 벽에 게시된 문제 해결 4계단 그림을 보며 어떻게 해야 할지를 언어적으로 표현해 본 후 각각 짝을 지어 손인형으로 역할극을 해 보도록 한다. 아이들이 잘하지 못할 경우에는 치료자가 한 아동과 함께 먼저 역할극을 해 보는 것도 좋다.

04 이렇게 할까, 저렇게 할까?

목표

❶ 규칙의 의미를 배운다.
❷ 규칙과 지시에 순응하는 것의 중요성을 인식한다.
❸ 욕구를 지연하고 규칙 및 역할에 따라 행동하도록 한다.

회기 구성

1. 인사, 복습, 과제와 규칙 확인 **15분**
2. 촉진 게임: 앵무새 놀이 **10분**
3. 〈활동 1〉 학교에서의 규칙 적기 **10분**
4. 규칙 지키기 기술 배우기 **15분**
5. 〈활동 2〉 그림 속에서는 어떤 일이? **10분**
6. 〈활동 3〉 나는 만화가 **25분**
7. 〈활동 4〉 지시는 왜 따라야 할까요? **15분**
8. 지시 따르기 기술 배우기 **10분**
9. 정리 및 과제 내 주기 **10분**

워크북 24~31쪽

활동 내용

1. 인사, 복습, 과제와 규칙 확인 15분

- 치료자는 아동과 인사를 한 후 과제를 확인하고 스티커를 준다.
- 교실에서 정한 규칙을 소리 내어 읽어 보며 확인한 후 벽에 게시한다.
- 지난 시간에 배운 문제 해결 4계단을 같이 읽으면서 벽에 게시한다.
- 단체 스티커 부착판도 함께 게시한다.
- 지난 시간 습득한 사회 기술 아이템을 읽어 본다.

준비물
이름표, 출석표, 규칙판, 스티커판, 문제 해결 4계단 그림판, 스티커

2. 촉진 게임 10분

- **앵무새 놀이** 아동을 2팀으로 나누고 한 줄로 서게 한다. 선생님이 각 팀의 첫 번째 아동에게 쪽지로 같은 문장을 보여 준다. 아동은 자신의 옆에 있는 아동에게 들은 이야기를 그대로 전달하고 마지막으로 전달받은 친구는 그 문장을 이야기한다. 처음 선생님이 말한 대로 맞힌 팀이 승리를 한다. 틀렸을 경우, 자신이 들은 문장을 이야기하며 어디에서 잘못되었는지 확인해 본다.

3. 〈활동 1〉 학교에서의 규칙 적기 10분

준비물
워크북 〈활동 1〉,
화이트보드

- 치료자는 아동들에게 우리 주변의 규칙은 어떤 것들이 있는지 묻는다.
- 워크북(p. 26) 〈활동 1〉 학교에서의 규칙은 무엇이 있는지 적어 본다.
- 아동들이 적은 내용을 발표하도록 한다.
- 치료자가 규칙의 의미와 중요성을 설명한다.
- 보조 치료자가 아동들이 발표한 내용을 화이트보드에 기록한다.
- 아동들이 발표한 내용을 토대로 규칙을 지키지 않았을 때의 부정적 결과와 사회에서 정해진 규칙들의 중요성을 인지하게 한다.

4. 규칙 지키기 기술 배우기 15분

준비물
워크북 〈아이템 카드〉

- 워크북의 아이템 카드를 오린 뒤 공란에는 아이들이 스스로 생각해 낸 방법을 적게 한다.

〈사회적 기술 – 규칙 지키기〉

① 규칙이 무엇인지 안다.
규칙이 무엇인지 알고 있으면 규칙을 지킬 수 있습니다.

② 규칙에 맞는지 생각한다.
지금 내가 하려는 행동이 지켜야 할 규칙과 같은지를 생각해 본다. 규칙과 같은 행동이라면 그대로 해 본다.

③ 다른 규칙이 있는지 알아본다.
내가 하고 싶은 행동이 지금 알고 있는 규칙과 다르다면 다른 규칙이 있는지를 생각해 본다(수업 시간에는 돌아다니면 안 되지만, 화장실이 너무 가고 싶은 경우 손 들고 선생님께 화장실에 가도 되는 지를 물어볼 수 있다.).

④ 규칙대로 한다.

규칙을 알게 되었으면, 그 규칙에 맞추어 그대로 행동한다.

5. 〈활동 2〉 그림 속에서는 어떤 일이? 10분

- 워크북(p. 27): 내가 제일 싫어하는 사회 시간에 선생님께서 각자 책을 읽어 보라고 하셨는데 옆의 아이들이 장난을 치며 재미있게 놀고 있다.

  〈**1번**: 내가 제일 싫어하는 사회 시간이다. 선생님께서는 설명을 하시고 있었는데 **2번**: 너무 지루해서 나는 언제 수업이 끝나는지 시계를 보려고 고개를 돌렸다. **3번**: 옆에 아이들이 내가 어제 재미있게 본 만화영화 이야기를 하면서 웃고 있다. **4번**: 공란〉

준비물
워크북 〈활동 2〉,
화이트보드

- 지금 어떤 일이 일어나고 있는 상황인지를 생각해 보고 희망자가 발표해 보도록 한다.
- 빈칸에는 어떤 그림이 될지에 대해서 이야기해 본다.
- 보조 치료자는 아이들이 발표한 상황 설명과 마지막 칸에 들어갈 내용들을 화이트보드에 적는다.

6. 〈활동 3〉 나는 만화가 25분

- 문제 해결 4계단을 사용해서 비워진 마지막 칸을 워크북에 그려 보게 하고 희망자가 발표하도록 한다.

7. 〈활동 4〉 지시는 왜 따라야 할까요? 15분

- 치료자는 아동들에게 왜 지시를 따라야 된다고 생각하는지 물어본다.
- 워크북(p. 29) 〈활동 4〉 '지시는 왜 따라야 할까요?'의 공란에 적도록 한다.
- 적은 내용을 발표하도록 한다.
- 치료자가 워크북(p. 25)을 참조하여 지시를 지켜야 하는 이유에 대해 설명해 준다.

준비물
워크북 〈활동 4〉

8. 지시 따르기 기술을 배우기 10분

- 워크북의 아이템 카드를 오린 뒤 공란의 카드에는 아이들이 스스로 생각해 낸 방법을 적게 한다.

〈사회적 기술 – 지시 따르기〉

① 지시를 잘 들어 본다.

다른 사람들이 지시하는 말을 주의 깊게 잘 들어 본다. 어떻게 해야 할지 알 수 있게 된다.

② '네' 라고 대답한다.

지시를 다 듣고 난 후 '네' 라고 대답하면 다른 사람들이 내가 지시를 잘 알게 되었고 그대로 할 것이라고 생각하게 된다.

③ 지시한 대로 한다.

주의 깊게 들은 지시대로 행동을 하면 모두 기분이 좋아진다. 문제도 잘 해결될 수 있다.

④ 잘 모르면 다시 물어본다.

지시가 무엇인지 모르겠으면 "잘 못 들었는데 다시 한 번 말씀해 주세요."라고 말한다. 1번 단계로 다시 돌아가서 그대로 한다.

준비물
워크북 〈아이템 카드〉

9. 정리 10분

- 옆사람의 손을 잡고 돌아가면서 오늘 활동에서 느낀 점을 이야기하게 한다.
- 오늘의 최고를 뽑은 후 축하해 준다.
- 평가 담당 치료자가 스티커를 붙여 주고 평가를 한다.
- **오늘의 과제**: 집에서의 규칙을 적고 규칙과 지시를 지켰을 때와 어겼을 때의 결과를 작성해 온다.

준비물
워크북 〈오늘의 과제〉, 필기도구

스티커 기준

Blue

① 출석 | ② 제시간에 참석 | ③ 〈활동 1〉 상황에 걸맞은 의견 제시 | ④ 〈활동 2〉 상황에 걸맞은 의견 제시 | ⑤ 〈활동 3〉 완성된 만화 발표 | ⑥ 바른 자세로 앉아 있을 때 | ⑦ 오늘의 최고 ⑧ 과제를 해 왔을 때

Yellow

① 싸우거나 때리기 | ② 욕하기 | ③ 친구 놀리기 | ④ 경고 3번 이후에도 선생님 말을 안 들었을 때 | ⑤ 거짓말하기

Tips

❶ 귓속말로 이야기를 전달해서 자기 차례가 아닌 아동들이 듣지 못하도록 한다. 오답을 이야기하여 잘못된 부분을 맞춰가며 서로의 시시비비를 가리는 과정에서 구성원 간의 다툼이 일어나지 않도록 치료진이 주의를 기울인다.

❷, ❸ 규칙과 지시 따르기에 대해서 설명할 때 치료자가 일방적으로 강의하는 분위기로 흐르지 않도록 유의한다.

05 기분이 어떠니?

목표 | ❶ 감정을 표현할 수 있는 여러 가지 단어를 알아본다.
❷ 상대방의 기분을 알아차릴 수 있는 기술을 배운다.
❸ 상대방의 감정을 공감할 수 있다.

회기 구성

1. 인사, 복습, 과제와 규칙 확인 **15분**
2. 촉진 게임: 이름 대기 게임 **10분**
3. 〈활동 1〉 우리는 원숭이 **25분**
4. 〈활동 2〉 기분이 어떠니?(감정 단어 연결하기) **20분**
5. 기분 알아차리기 사회 기술 배우기 **20분**
6. 〈활동 3〉 당연하지, 오바다!(감정 공감하기 게임) **20분**
7. 정리 및 과제 내 주기 **10분**

워크북 32~37쪽

활동 내용

1. 인사, 복습, 과제와 규칙 확인 15분

- 치료자는 아동과 인사를 한 후 과제를 확인하고 스티커를 준다.
- 교실에서 정한 규칙을 소리 내어 읽어 보며 확인한 후 벽에 게시한다.
- 지난 시간에 배운 문제 해결 4계단을 같이 읽으면서 벽에 게시한다.
- 단체 스티커 부착판도 함께 게시한다.
- 지난 시간 습득한 사회 기술 아이템을 읽어 본다.

준비물
이름표, 출석표, 규칙판, 스티커판, 문제 해결 4계단 그림판, 스티커

2. 촉진 게임 10분

- **이름대기 게임** 두 조로 나누어 번갈아가며 정해진 항목에 속하는 단어를 대는 게임으로 적당한 단어를 대지 못하는 쪽이 지는 게임이다. 처음에는 〈과일〉 이름 대기로 시작하며 그다음 〈동물〉 이름 대기식으로 진행을 한다. 마지막에는 〈감정〉 이름 대기를 하며 감정을 아는 것의 중요성에 대해 언급하며 〈활동 1〉을 이어서 진행한다.

3. 〈활동 1〉 우리는 원숭이 25분

- 치료자가 감정 카드를 한 장씩 보여 주고, 참여 아동들에게 어떤 기분인지를 물어보며 어떨 때 이런 기분을 느껴 보았는지를 말하게 한다.
- 그림 속의 감정들을 이름 붙여 본다. 가장 많은 공감을 받은 감정을 이름 붙인다. 만일 적당한 감정의 표현이 나오지 않을 경우에는 치료자의 의견을 제시해도 된다. "선생님 생각에는 ○○○ 처럼 보이네."
- 아동 중 한 명이 카드 하나를 선택해서 그 표정을 흉내 내게 한다. 다른 아이들은 카드를 보지 않고 표정만 보면서 어떤 감정인지를 발표하게 한다.
- 사람들에 따라 다른 감정을 느낄 수 있음을 알게 한다. "○○는 그렇게 느꼈구나. 똑같은 그림인데도 다르게 느낄 수도 있네."

준비물
치료자 도구 〈감정 카드〉,
워크북 〈활동 1〉

4. 〈활동 2〉 기분이 어떠니?(감정 단어 연결하기) 20분

- 워크북(p. 35)의 그림 상황과 감정 단어를 서로 알맞게 연결해 보도록 한다. 개인에 따라 한 가지 상황에 여러 가지 감정 단어를 연결 할 수도 있다.
- 그림 속의 상황과 비슷한 경험을 한 적이 있는지 아동들에게 물어보고 어떤 상황이었는지, 그리고 어떤 기분인지를 말하게 한다.
- 감정이란 어떤 것인지, 왜 잘 알아차리는 것이 중요한지를 워크북의 내용을 참고로 하여 설명한다.

준비물
워크북 〈활동 2〉, 필기도구

5. 기분 알아차리기 사회 기술 배우기 20분

- 워크북의 아이템 카드를 오린 뒤 공란에 아이들이 스스로 생각해 낸 방법을 적게 한다.

〈사회적 기술 – 기분 알아 차리기〉

① 얼굴 표정을 살펴본다.

화난 표정인지, 웃는 표정인지, 어떤 표정인지 얼굴을 자세히 살펴보면 다른 사람의 기분을 알 수 있다.

② 상황을 생각한다.

직접 물어보거나 얼굴을 보지 않더라도 지금 이 상황이 어떤 상황이며, 이전에 어떤 일이 있었는지를 생각해 보면 기분을 짐작할 수도 있다.

예) 방금 엄마한테 큰 소리로 혼이 나서 방 안에 들어가 있으라는 벌을 받은 형의 기분

준비물
워크북 〈아이템 카드〉

③ 입장 바꿔 생각해 본다.

내가 다른 사람이 되었다고 생각해 보면, 그 사람의 기분을 조금 더 정확하게 느끼고 이해할 수 있다.

④ 기분을 물어본다.

생각을 해 봐도 다른 사람의 기분을 잘 모를 경우에는 직접 '지금 어떤 기분이세요?' 라고 물어볼 수 있다.

6. 〈활동 3〉 당연하지, 오바다!(감정 공감하기 게임) 20분

- 감정 단어들을 일상생활에서 경험과 연결하여 알아보면서 다른 친구를 공감할 수 있는 게임이다.
- 한 사람이 감정 카드를 한 장 골라 그 단어에 해당하는 상황을 설명하고 감정을 말하게 한 후, 숫자를 셋까지 천천히 센 후 이 이야기를 들은 나머지 아이들이 "당연하지." 또는 "오바다."를 외치게 한다.
- 예를 들어, 〈억울하다〉라는 카드를 든 아이가 "내가 가져가지도 않은 돈을 나보고 가져갔다고 한다면 나는 억울하다."라고 말한다면, 모두 다 "하나, 둘, 셋!"을 천천히 센 후 각자의 반응을 외친다.

준비물
치료자 도구 〈감정카드〉

- 아동의 상황과 표현한 기분 단어가 적절하고 공감할 수 있다고 생각된다면 주먹을 쥐며 다른 아동들이 "당연하지."를 외치게 하며 부적절하거나 너무 오버한다 싶은 경우에는 공감하지 않는다는 표시로 한 손으로 다른 팔꿈치를 받치고 손등을 보이도록 하며 "오바다!"를 외치게 한다.
- 한 사람이 두 개 정도 단어를 설명할 수 있도록 하고, 단어가 겹쳐도 상황이 다를 수 있으므로 상관없다. 그러나 같은 단어에 같은 상황을 이야기하지는 못하게 한다.
- 만장일치로 '당연하지!' 를 받은 경우와 게임이 끝날 때까지 '당연하지!' 를 가장 많이 받은 한 사람에게 스티커를 제공한다(보조 치료자가 '당연하지!' 를 받은 수를 세어서 기록하며 게임을 진행한다.).

7. 정리 10분

- 옆사람의 손을 잡고 돌아가면서 오늘 활동에서 느낀 점을 이야기하게 한다.
- 오늘의 최고를 뽑은 후 축하해 준다.
- 평가 담당 치료자가 스티커를 붙여 주고 평가를 한다.
- **오늘의 과제**: 감정 단어 5개를 골라 각 기분에 맞는 상황 적어 오기

준비물
워크북 <오늘의 과제>

스티커 기준

Blue

① 참석 | ② 지각하지 않았을 때 | ③ 숙제를 해 왔을 때 | ④ 〈활동 1〉에서 감정 카드에 정확히 뜻을 알고 적절한 상황을 예로 들었을 때 | ⑤ 〈활동 2〉에서 감정 카드에 정확히 뜻을 알고 적절한 상황을 예로 들었을 때 | ⑥ 〈활동 3〉 감정 공감 게임에서 많은 지지를 받은 사람 | ⑦ 〈활동 3〉 감정 공감 게임에서 만장일치를 받을 때 | ⑧ 바른 자세로 앉아 있을 때 | ⑨ 오늘의 최고

Yellow

① 싸우거나 때리기 | ② 욕하기 | ③ 거짓말하기 | ④ 친구 놀리기 | ⑤ 경고 3번 이후에도 선생님 말을 안 들었을 때

Tips

❶ 표정을 크게 짓고 변화를 크게 할 수 있도록 격려한다.

❷ 만일 적당한 감정의 표현이 나오지 않을 경우에는 "선생님 생각에는 OOO처럼 보이네."와 같이 치료자의 의견을 제시해도 된다. 아동의 표현이 그리 적절하지 않더라도 왜 그런 생각을 했는지를 물어보고 아이들이 발표한 것과 표현한 것을 인정하고 격려한다.

❸ 하나의 상황에서도 감정은 하나가 아니라 다양할 수 있다는 것을 설명하며 아동의 감정에 잘 공감해 준다.

❹ 게임은 재미있는 제스처를 활용하도록 하여 흥미를 더하도록 하며 똑같은 상황이라도 사람에 따라 다르게 느낄 수도 있음을 설명한다. 모두가 공감하는 상황에 대해 충분히 지지해 주고 부정적인 감정 자체가 잘못된 것은 아니고 자연스러운 것임을 설명한다. 부적절한 감정들은 적절한 단어로 대치하여 말할 수 있도록 도와준다. 감정 단어는 앞뒤에 수식어를 덧붙인다면 강약 조절을 할 수 있음을 설명한다. 예를 들면, 조금 억울하다, 억울해서 눈물이 다 날 지경이다 등 한 가지 단어에 수식어를 덧붙여 의미를 강조하거나 약화할 수도 있다고 알려 준다.

06 아이 좋아, 즐거워! 친구랑 재미있게 놀 수 있어요!

목표

❶ 또래 관계에서 일어날 수 있는 문제들을 인식하고 사이좋게 놀 수 있는 방법을 배우도록 한다.
❷ 놀이에 참여하기와 좋은 놀이 친구 되기 기술을 습득하도록 한다.
❸ 1과 2의 활동에 문제 해결 4계단을 적용해서 행동-인지틀을 지속적으로 연습하고 익히도록 유도한다.

회기 구성

1. 인사, 복습, 과제와 규칙 확인 **15분**
2. 촉진 게임: 카드 뒤집기 게임(조별) **10분**
3. 〈활동 1〉 상황 파악하기 **10분**
4. 〈활동 2〉 우리는 라디오 스타: 라디오 연극 해 보기 **30분**
5. 놀이에 참여하기와 좋은 친구 되기 기술 배우기 **30분**
6. 〈활동 3〉 친구들과 즐겁게 놀았어요! **15분**
7. 정리 및 과제 내주기 〈공지〉 노란 스티커 떼기 **10분**

워크북 38~45쪽

활동 내용

1. 인사, 복습, 과제와 규칙 확인 15분

- 치료자는 아동과 인사를 한 후 과제를 확인하고 스티커를 준다.
- 교실에서 정한 규칙을 소리 내어 읽어 보며 확인한 후 벽에 게시한다.
- 단체 스티커 부착판도 함께 게시한다.
- 지난 시간에 배운 문제 해결 4계단을 같이 읽으면서 벽에 게시한다.
- 지난 시간 습득한 사회 기술 아이템을 읽어 본다.

준비물
이름표, 출석표, 규칙판, 스티커판, 문제 해결 4계단 그림판, 스티커

2. 촉진 게임 10분

- **카드 뒤집기 게임** 두 조로 나누어 카드 뒤집기 게임을 한다. 빨간색과 파란색으로 구성된 카드들을 뒤집어 놓고 팀별로 번갈아 가며 뒤집어서 자기 팀의 색이 많이 나온 팀이 이기는 게임

준비물
카드

3. 〈활동 1〉 상황 파악하기 10분

준비물
워크북 〈활동 1〉

- 워크북(p. 41) 그림을 보고 지금 어떤 일이 일어나고 있는지, 척척이의 기분은 어떨지, 앞으로 어떤 일이 벌어질지를 희망자가 발표해 보도록 한다.
- 보조 치료자는 아이들이 발표하는 상황 설명들을 화이트보드에 적어 나간다.

4. 〈활동 2〉 우리는 라디오 스타: 라디오 연극 해 보기 30분

준비물
워크북 〈활동 2〉

- 아이들을 두 그룹으로 나누어 주 치료자와 보조 치료자가 각 한 그룹씩을 데리고 워크북의 시나리오를 이용해서 라디오 연극을 해 본다.
- 라디오 연극이란 성우들이 라디오극을 하는 것처럼 대본을 손에 들고 목소리 위주의 연극을 하는 것이라는 것을 설명한다.
- 이번 회기에는 라디오 연극을 준비하는 과정에서 '스탑! 1, 2, 3, 4'를 적용해 보고 익숙해지는 것이 중요하다.
- 연습에 앞서 치료자들은 연극을 해야 하는 상황에서 어떻게 해야 할지에 대해서 문제해결 4계단을 이용해서 아이들과 이야기하고 계획을 짠 후, 연극을 연습한다.
- 그룹별로 연습이 끝난 후에는 다른 조가 보는 앞에서 연극을 해 본다.

  스탑!

  ❶ **무엇이 문제지?** '우리는 연극을 해 보려고 해.'

  ❷ **어떻게 할까?** 연극을 하기 위해서는 어떻게 해야 할지 여러 가지 생각들을 할 수 있다. '그냥 선생님이 시키는 대로 하지 뭐.' '아니야 우리가 차근차근 생각해야 돼.' '내가 주인공 할래.' '뭘 정하고 어떤 것을 준비해야 하지?'

  ❸ **그래, 그렇게 해 보자!** 이 중에서 가장 좋은 생각을 정한다. '대본을 보고 역할을 나누어야겠구나.' '맡은 역할의 부분을 각자 읽어 보자.' '큰 소리로 읽어 보면, 다들 서로에게 방해가 될 테니 작은 소리로 읽으며 연습하는 것이 낫겠다.'

  ❹ **잘했나?** 연극이 끝난 후 생각한 대로 잘했는지 그 결과에 대해서 아이들과 이야기를 해 본다.

5. 놀이에 참여하기와 좋은 친구 되기 기술 배우기 30분

준비물
워크북 〈아이템 카드〉, 필기도구

- 워크북의 아이템 카드를 오린 뒤 공란에는 아이들이 스스로 생각해 낸 방법을 적게 한다.

  〈사회적 기술 - 놀이에 참여하기〉

  ① 상황을 살핀다.

친구들이 놀이하는 상황을 가까이에서 지켜본다. 친구들이 내가 왔다는 걸 알게 된다.

② 인사를 한다.

친구들의 놀이가 방해가 되지 않도록 하며 친구들에게 가볍게 인사를 한다. 인사는 같이 놀고 싶다는 신호가 된다.

③ 멈춰질 때까지 기다린다.

친구들의 놀이가 잠깐 멈춰져서 내가 이야기를 할 수 있는 시간이 될 때까지 기다린다.

④ 같이 놀아도 되는지 물어본다.

잠깐 놀이가 멈춰지면 친구에게 다가가 같이 놀아도 되는지 침착하게 물어본다. 물어보지 않고 갑자기 끼어들면 친구들이 싫어한다.

⑤ 끼워 주지 않으면 다른 친구들을 찾아본다.

끼워 줄 수 없다고 할 경우에는 다른 곳으로 가서 다른 친구들을 찾아본다. 친구들이 다음엔 같이 놀고 싶어 할 것이다.

〈사회적 기술 – 좋은 놀이 친구 되기〉

① 심한 장난을 치지 않는다.

친구들은 너무 심한 장난을 재밌어하기보다는 귀찮아하고 싫어한다. 장난보다는 놀이에 집중하는 게 좋다.

② 규칙과 차례를 반드시 지킨다.

놀이 도중 규칙과 차례를 지키는 것은 신호등을 지키는 것과 같이 놀이를 질서 있게 만들어 주어서 싸우지 않게 된다.

③ 싸움을 하지 않는다.

놀이 도중에 화가 나거나 재미가 없어도 친구들에게 싸움을 걸지 않아야 한다.

④ 양보하고 배려한다.

놀이 도중 친구들에게 양보하고 배려하면, 친구들도 나에게 양보하고 배려해 준다. 그러면 모두 즐거워진다.

⑤ 고운 말을 쓴다.

욕이나 큰 소리를 치는 것은 놀이 도중 싸울 수 있는 일들을 만들게 된다. 고운 말을 사용하면 사이좋게 놀 수 있다.

➲ 또래와 좋은 놀이 친구 되기 기술을 설명할 때, '친구가 도둑질을 시킬 때' 처럼 바람직하지 않은 행동을 강요하는 경우에 대처하는 예외적인 방법에 대해서도 반드시 설명해 주어야 한다.

6. 〈활동 3〉 친구들과 즐겁게 놀았어요! 15분

- 친구들과 가장 재미있게 놀았던 때를 적어서 발표하도록 한다.
- 치료자는 아이들의 발표를 들으면서 오늘 배운 놀이 기술 중에 어떤 것들이 있었는지 치료자가 들으며 찾아내어 아이들에게 다시 이야기해 준다.

예) 아동: '전에 친구랑 딱지치기하는데 재미있었어요. 싸우지 않고 돌아가며 서로의 딱지를 바닥에 쳐서 따먹는 거였어요.'

예) 치료자: '자기 차례를 잘 지키는 기술을 사용했었구나! 여러분 ○○가 딱지치기 놀이에서 차례를 지키며 하니까 놀이가 재미있었대요!'

7. 정리 10분

- 옆사람의 손을 잡고 돌아가면서 오늘 활동에서 느낀 점을 이야기하게 한다.
- 오늘의 최고를 뽑은 후 축하해 준다.
- 평가 담당 치료자가 스티커를 붙여 주고 평가를 한다.

준비물
워크북 〈오늘의 과제〉,
필기도구

*** 〈공지〉 다음 회기에는 지금까지 받았던 경고 스티커를 3개 떼어낼 수 있는 기회를 준다고 공지한다. 지금까지 배웠던 '스탑! 1, 2, 3, 4'와 아이템 기술 카드 내용에 대한 간단한 평가에서 일정 점수(예: 70점)만 넘기면 가능하다고 알린다.

- **오늘의 과제**: 놀이에서 오늘 배운 사회적 기술을 1번씩은 꼭 사용해 보고, 어떤 놀이였는지 적어 오기

스티커 기준

Blue

① 참석 | ② 지각하지 않았을 때 | ③ 과제를 해왔을 때 | ④ 〈활동 1〉 주어진 상황을 적절하게 설명했을 때 | ⑤ 〈활동 2〉 연극에 참여 | ⑥ 〈활동 3〉 놀이 중 재미있었던 때를 발표 | ⑦ 바른 자세로 앉아 있을 때 | ⑧ 오늘의 최고

Yellow

① 싸우거나 때리기 | ② 욕하기 | ③ 거짓말하기 | ④ 친구 놀리기 | ⑤ 경고 3번 이후에도 선생님 말을 안 들었을 때

Tips

1. '매주 만날 때마다 아이들이 더욱 열심히 하는 모습이 보기 좋다'는 칭찬을 하며 인사를 한다.
2. 조를 구성할 때에는 매번 같은 아이들끼리 조가 되기보다는 새로운 아이들끼리 조를 구성하도록 해 준다.
3. 두 치료자가 각각 다른 그룹을 맡아서 진행하므로, 연습하는 20분은 각기 다른 장소에서 연습하고 실제 연극을 할 때에 같이 보는 것이 재미있을 수 있다.
4. 자칫 딱딱한 공부 시간이 되지 않도록 재미있게 진행하고, 기술 카드들을 받을 때에는 단계별로 돌아가며 읽어 보도록 하는 것도 좋다.
5. 아동들의 답변에서 적절한 기술이 발견되지 않을 때에는 치료자가 'OOO 상황에서 만약에 친구 칭찬하기를 했었더라면 좋았겠구나.'라는 식으로 이야기해 준다.

07 한 발씩만 양보해요!

목표
❶ 자신이 원하는 것을 하고 싶을 때 협상이 필요하다는 것을 이해한다.
❷ 다른 사람과 협상을 하거나 의견을 조율하는 방법을 익힌다.

회기 구성

1. 인사, 복습, 과제와 규칙 확인, 노란 스티커 떼기(평가) **25분**
2. 촉진 게임: 이게 뭘까요? **10분**
3. 〈활동 1〉 나는 인형극 평론가(상황 인식) **20분**
4. 협상하기 사회 기술 배우기 **20분**
5. 〈활동 2〉 인형극 역할 놀이 **35분**
6. 정리 및 과제 내 주기 **10분**

워크북 46~52쪽

활동 내용

1. 인사, 복습, 과제와 규칙 확인, 노란 스티커 떼기(평가) 25분

- 치료자는 아동과 인사를 한 후 과제를 확인하고 스티커를 준다.
- 프로그램 시작할 때 10분 정도 배정하여 '노란 스티커 떼기'를 시행한다. 워크북(p. 52)에 붙어 있는 평가지를 이용하여 프로그램의 이해도에 대한 평가를 시행한다. 정해진 점수 이상을 받은 경우 게시되어 있는 평가판에서 노란 스티커를 3개씩 떼어 준다.
- 교실에서 정한 규칙을 소리 내어 읽어 보며 확인한 후 벽에 게시한다.
- 지난 시간에 배운 문제 해결 4계단을 같이 읽으면서 벽에 게시한다.
- 단체 스티커 부착판도 함께 게시한다.
- 지난 시간 습득한 사회 기술 아이템을 읽어 본다.

준비물
이름표, 출석표, 규칙판, 스티커판, 문제 해결 4계단 그림판, 스티커

2. 촉진 게임 10분

준비물
단어 목록

- **이게 뭘까요?** 두 팀으로 나누어서 일정 시간 동안 낱말이 적혀 있는 단어 목록을 보면서 팀원이 돌아가면서 설명을 하고 상대방 팀이 맞히는 게임이며 많이 맞히는 팀이 승리한다.

3. 〈활동 1〉 나는 인형극 평론가 20분

- 워크북(p. 48): 조금만 더 하면 대왕을 깰 수 있는데 엄마가 약속 시간이 다 되었다고 끄라고 하신다.

준비물
워크북 〈활동 1〉, 손인형, 필기도구

- 주 치료자와 보조 치료자가 손인형을 이용해서 워크북(p. 48)의 그림 속 상황을 인형극으로 진행한다.
- 아이들에게 오늘 인형극 평론가가 될 것이라고 하면서 인형극을 본 이후에 어떤 느낌이 드는지를 말하게 하고, 척척이의 문제가 무엇인지 적게 한다.
  예) 척척이의 문제: 욕을 한다, 짜증을 낸다. 고집을 피운다…….
- 내가 척척이라면, 어떻게 하면 더 좋을지를 '스탑! 1, 2, 3, 4'를 짚으면서 문제 해결을 할 수 있도록 한다.

  스탑! 이렇게 곤란할 때는 멈춰서 생각해야지.

  ❶ **뭐가 문제지?** 조금 후면 대왕판을 깰 수 있는데 엄마와 약속한 컴퓨터 사용 시간이 지난 것

  ❷ **어떻게 할까?** 척척이처럼 큰 소리로 우기면 될까? 울면 될까? 그냥 엄마가 시키는 대로 컴퓨터를 꺼야 할까? 나도 힘들게 여기까지 왔는데 엄마도 화내지 않고 나도 끝까지 할 수 있는 방법을 찾아야 돼.

  ❸ **그래, 그렇게 해 보자!** 이럴 때 협상을 해야 하는 거야. 엄마에게 이번만 컴퓨터 시간을 늘려 달라고 하고 그 대신 내일 그만큼 안 하겠다고 해 봐야지.

  ❹ **잘했나?** 화 내지 않고 협상을 하니 나도 기분 좋고 엄마도 좋네.

(인형극 내용)

+ **아동:** (신나는 목소리) 으아~~! 조금만 지나면 대왕판을 깰 수 있다! 아싸!
+ **엄마:** 척척아! 이제 게임 그만 하고 숙제해야지!
+ **아동:** (크고 짜증스러운 목소리로) 에이씨, 조금만 더 하고! 이제 대왕이 나타났단 말이야.
+ **엄마:** 컴퓨터 사용 약속 시간이 지났거든. 벌써 15분이나 지났네.
+ **아동:** (게임을 계속하며 짜증스럽게) 아! 아! 말 시키지 마. 조금만 더! 이제 조금만 지나면 끝이야.
+ **엄마:** (단호하게) 약속은 지켜야 하는 거지? 자, 이제 그만 끄자!
+ **아동:** (화를 내면서) 에이씨, 내가 여기까지 오느라 얼마나 힘들었는데……. 엄마 땜에 이번에도 못 깨게 생겼어. 좀만 더~. 아이 화나!

+ **엄마:** (아이 바로 옆으로 다가와서, 좀 더 단호한 목소리로) 항상 컴퓨터 약속 시간을 잘 못 지키는구나. 어제도 밤늦게까지 숙제하느라 힘들었잖아. 오늘은 꼭 지키겠다고 약속한 것을 벌써 잊어버린 거야?
+ **아동:** (거친 태도로 키보드를 누르면서 화난 목소리로) 에이, 우이씨! 나 더 할래! 이거 조금만 하면 끝난단 말이야.

4. 협상하기 사회 기술 배우기 20분

- 협상하기가 어떤 것이며 왜 필요한지를 워크북을 참조하여 설명해 준다. 또한 워크북(p. 48)과 같은 상황에서 이용될 수 있다는 것을 말한다.
- 워크북의 아이템 카드를 오린 뒤 아이템 카드 공란에는 아이들이 스스로 생각해 낸 방법을 적게 한다.

준비물
워크북 〈아이템카드〉

〈사회적 기술 – 협상하기〉

① 화내지 않고 이야기한다.
이야기를 할 때에는 화내지 않고 침착하게 이야기한다. 이야기를 듣는 사람과 하는 사람 모두 침착해질 수 있다.

② 고집 부리지 않는다.
고집 부리지 않고 이야기하면 상대방이 나의 이야기를 차분하게 들어주게 된다.

③ 다른 사람의 이야기를 들어 본다.
다른 사람의 이야기를 침착하게 들어주면서 내 생각과 얼마나 다른지를 생각해 볼 수 있다.

④ 협상할 수 있는 조건을 제시한다.
다른 사람과 내가 모두 원하는 바를 얻을 수 있는 방법을 생각해서 이야기해 본다. 두 사람 모두 기분 좋게 협상을 할 수 있다.

⑤ 양보하는 자세를 갖는다.
다른 사람에게 양보를 한다면, 다른 사람도 나에게 양보를 해 주게 된다. 그러면 서로 원하는 행동을 할 수 있다.

5. 〈활동 2〉 인형극 역할 놀이 35분

치료자들이 협상하기 아이템 카드를 최대한 활용하여 위의 상황을 손인형으로 역할극을 한다. 이때, 사용한 기술이 적힌 아이템 카드를 손에 들거나 언급을 해 주어서 아이들이 보다 쉽게 이해할 수 있도록 한다. 이후, 아동 둘이 짝을 지어서 척척이와 엄마 역할을 하게 한다. 역할극을 발표

준비물
손인형

하게 한 후, 다른 아이들과 치료자의 소감을 듣는다.

6. **정리 10분**

- 옆사람의 손을 잡고 돌아가면서 오늘 활동에서 느낀 점을 이야기하게 한다.
- 오늘의 최고를 뽑은 후 축하해 준다.
- 평가 담당 치료자가 스티커를 붙여 주고 평가를 한다.
- **오늘의 과제**: 일주일 동안 협상하기 기술을 사용해 보고 누구와 어떤 일에 적용했었는지 적어 온다(2개).

준비물
워크북 〈오늘의 과제〉

스티커 기준

Blue

① 참석 | ② 지각하지 않았을 때 | ③ 과제 완성 | ④ 〈활동 1〉 척척이의 문제 행동과 적절한 대안 행동을 발표하는 사람 | ⑤ 〈활동 2〉 역할극을 잘한 사람 | ⑥ 바른 자세로 앉아 있을 때
⑦ 오늘의 최고

Yellow

① 싸우거나 때리기 | ② 욕하기 | ③ 거짓말하기 | ④ 친구 놀리기
⑤ 경고 3번 이후에도 선생님 말 안 들었을 때

Tips

❶ 평가의 난이도를 조절해 프로그램 적응도가 낮아서 노란 스티커를 많이 받은 아동들이 좋은 점수를 받을 수 있도록 배려한다.
❷ 치료자는 미리 참여 아이들 3배 수 정도의 단어목록을 준비한다.
❸ 거들먹거리는 듯한 평론가의 말투와 태도로 말하게 하면 더 재미있다.
❹ 협상의 조건을 제시한다는 항목을 이야기할 때, 구체적인 예들을 제시해 줄 수 있다.
❺ 역할극을 평가할 때, 아이들이 표현한 역할극에서 오늘 배운 사회 기술이 나올 때 "화내지 않고 이야기하기 아이템을 사용했구나!"라는 식으로 구체적으로 평가해 준다.

08 차근차근 말해요!

목표 ❶ 상대방의 말을 잘 듣고 상황을 이해할 수 있다.
❷ 자신이 말하고자 하는 내용을 차분하고 논리적으로 말하는 법을 배운다.

회기 구성

1. 인사, 복습, 과제와 규칙 확인 **15분**
2. 촉진 게임: 끝말 이어 가기 게임 **10분**
3. 〈활동 1〉 사실은요~ **20분**
4. 〈활동 2〉 역할극 놀이 **35분**
5. 자기 주장하기 기술 배우기 **20분**
6. 〈활동 3〉 자기 주장을 해야 할 때는 언제일까요? **10분**
7. 정리 및 과제 내 주기 **10분**

워크북 53~58쪽

활동 내용

1. 인사, 복습, 과제와 규칙 확인 15분

- 치료자는 아동과 인사를 한 후 과제를 확인하고 스티커를 준다.
- 교실에서 정한 규칙을 소리 내어 읽어 보며 확인한 후 벽에 게시한다.
- 지난 시간에 배운 문제 해결 4계단을 같이 읽으면서 벽에 게시한다.
- 단체 스티커 부착판도 함께 게시한다.
- 지난 시간 습득한 사회 기술 아이템을 읽어 본다.

준비물
이름표, 출석표, 규칙판, 스티커판, 문제 해결 4계단 그림판, 스티커

2. 촉진 게임 10분

- **끝말 이어가기 게임** 끝말을 이어 가다가 먼저 단어를 말하지 못하는 쪽이 지게 된다. 2조로 나누어 시행한다. 예) 오리-리어카-카니발-발자국 등

3. 〈활동 1〉 사실은요~ 20분

- 워크북(p. 55)의 그림을 보고 어떤 상황인지 생각해 보고 어떻게 하면 좋을지 여러 가지 해결 방법들을 워크북에 작성하고 발표하게 한다.
- 보조 치료자가 아이들이 말하는 내용을 화이트보드에 기록한다.

준비물
워크북 〈활동 1〉, 필기도구, 화이트보드

- 워크북(p. 55) 위 그림: 열심히 해 놓은 숙제를 안 가져왔다. 그런데 선생님께서 숙제를 내라고 하신다.
- 워크북(p. 55) 아래 그림: 친구가 때려서 싸웠는데 나만 야단을 맞았다.

4. 〈활동 2〉 역할극 놀이 35분

- 〈활동 1〉에서 일어난 상황을 두 명씩 짝을 지어 역할극을 하게 한다.
- 친구들이 하는 역할극을 보면서 어떻게 말하는 것이 효과적으로 보이는지에 대해서 아이들과 함께 이야기해 본다.
- 치료자는 아이들과 토론을 하면서 자기 주장하기 기술이 중요함을 인식시킨다.

5. 자기 주장하기 기술 배우기 20분

- 워크북의 아이템 카드를 오린 뒤 카드 공란에 아이들이 스스로 생각해 낸 방법을 적게 한다.

준비물
워크북 〈아이템 카드〉, 필기도구

〈사회적 기술 – 자기 주장하기〉

① 마음속으로 '다섯' 까지 센다.
천천히 다섯까지 세면 기분이 차분해진다. 화를 내지 않고 이야기할 수 있게 된다.

② 편안한 표정으로 눈을 마주 보며 이야기한다.
편안한 표정으로 상대방과 눈을 맞추며 이야기를 하면, 상대방이 내 이야기에 더욱 집중할 수 있다.

③ 천천히 이야기한다.
침착하게 생각하며, 또박또박 천천히 이야기하면 다른 사람이 내 이야기를 정확하게 이해할 수 있다.

④ 주장을 자세히 설명한다.
차분하게 자세한 부분까지 설명하면 다른 사람이 나의 생각을 정확하게 알 수 있다.

⑤ 다른 사람의 반응을 살핀다.

나의 이야기를 다 한 후에는 다른 사람이 어떤 말과 행동을 하는지 살펴본다. 내 말을 이해했는지 아닌지를 알 수 있다.

6. 〈활동 3〉 자기 주장을 해야 할 때는 언제일까요? 10분

- 학교나 집, 친구들과 놀 때 등 여러 가지 상황에서 자신의 의견을 주장해야 하는 상황과 어떻게 해야 할지에 대해서 워크북(p. 56)에 적어 본다(경험했던 일과 앞으로 있을 수 있는 상황).
- 희망하는 1명에게 자기 주장하기 기술을 이용하여 자기 주장을 해 보게 한다.

준비물
워크북 〈활동 3〉, 필기도구

7. 정리 10분

- 옆사람의 손을 잡고 돌아가면서 오늘 활동에서 느낀 점을 이야기하게 한다.
- 오늘의 최고를 뽑은 후 축하해 준다.
- 평가 담당 치료자가 스티커를 붙여주고 평가를 한다.
- **오늘의 과제**: 자기 주장하기 기술 카드를 이용해서 엄마, 아빠 또는 친구들에게 자기 주장하기를 2번 해 보고 워크북에 기록한다.

준비물
워크북 〈오늘의 과제〉, 필기도구

스티커 기준

Blue

① 참석 | ② 지각하지 않았을 때 | ③ 과제 완성 | ④ 〈활동 1〉에서 적절한 해결 방법을 발표한 사람 | ⑤ 〈활동 2〉에서 주제에 맞는 역할극을 만든 사람 | ⑥ 〈활동 3〉에서 자기 주장하기를 발표한 사람 | ⑦ 바른 자세로 앉아 있을 때 | ⑧ 오늘의 최고

Yellow

① 싸우거나 때리기 | ② 욕하기 | ③ 거짓말하기 | ④ 친구 놀리기
⑤ 경고 3번 이후에도 선생님 말 안 들었을 때

Tips

❶ 부적절해 보이는 것이라도 아이들이 말하는 것을 다 기록한다. 먼저 어떤 기분일지를 상상하고 공감해 준다.
❷ 인형극은 두 가지 상황 중에서 아이들이 자유롭게 고르게 한다.

09 아쉽지만 이제 그만!

목표 | ❶ 상황에 따라 욕구를 지연하도록 한다.
❷ 원하는 것이 충족될 수 없는 경우, 차선책을 통해 욕구를 조절하도록 한다.

회기 구성

1. 인사, 복습, 과제와 규칙 확인 **15분**
2. 촉진 게임: 이구동성 게임 **10분**
3. 〈활동 1〉 나는 명탐정! **20분**
4. 〈활동 2〉 두 갈래 길(역할극) **40분**
5. 마음 참기 사회 기술 배우기 **25분**
6. 정리 및 과제 내주기 **10분**

워크북 59~63쪽

활동 내용

1. 인사, 복습, 과제와 규칙 확인 15분

- 치료자는 아동과 인사를 한 후 과제를 확인하고 스티커를 준다.
- 교실에서 정한 규칙을 소리 내어 읽어 보며 확인한 후 벽에 게시한다.
- 지난 시간에 배운 문제 해결 4계단을 같이 읽으면서 벽에 게시한다.
- 단체 스티커 부착판도 함께 게시한다.
- 지난 시간 습득한 사회 기술 아이템을 읽어 본다.

준비물
이름표, 출석표, 규칙판, 스티커판, 문제 해결 4계단 그림판, 스티커

2. 촉진 게임 10분

- **이구동성게임** 둘씩 짝을 지어서 2음절의 단어를 동시에 외친다. 나머지 아이들은 이를 알아맞힌다.

준비물
단어 목록

3. 〈활동 1〉 나는 명탐정! 20분

- 워크북(p. 61): 마음에 드는 게임기를 친구가 갖고 있다.
- 명탐정이 되어 그림에서 어떤 일이 일어나고 있는 상황인지, 어떤 일이 일어날 것인지를 상상해서 워크북에 적어 본다.
- 희망하는 아이들에게 다음에 올 행동과 결과를 설명한다.
- 보조 치료자는 희망자들이 이야기한 의견들을 화이트보드에 적는다.

준비물
워크북 〈활동 1〉, 화이트보드

4. 〈활동 2〉 두 갈래 길 40분

- 〈활동 1〉에서 아동들이 발표한 내용 중 마음을 참았을 때와 참지 않았을 때의 경우를 치료진이 선택한다.
  예) 훔친다 vs 참는다
- 아동을 두 집단으로 나누어 조당 한 개의 행동을 선택하여 그에 따른 즉흥극을 연출해 본다.
- 게임기를 놓고 간 아동, 게임기를 갖고 싶어하는 아이, 엄마, 경찰 등 상황에 맞는 역할들을 아이들이 자유롭게 구성하여 정하도록 한다.
- 연극이 끝난 뒤, 〈활동 1〉에서 적절한 행동이 무엇인지 토의한다.

준비물
워크북 〈활동 2〉

5. 마음 참기 사회 기술 배우기 25분

- 하고 싶은 마음을 참아야 되는 이유에 대해 설명한다.
- 워크북의 아이템 카드를 오린 뒤 공란에 아이들이 스스로 생각해 낸 방법을 적게 한다.
  ① 하고 싶은 게 무엇인지 안다.
  내가 하고 싶은 것이 무엇인지를 천천히 생각해 본다. 여러 가지 중에서 어떤 게 제일 하고 싶은지를 알 수 있다. 예) 로봇을 가지고 싶다.
  ② 할 수 있는지 알아본다.
  내가 생각한 하고 싶은 일을 지금 해도 되는지 알아본다. 하고 싶은 일을 모두 할 수는 없다. 예) 가게에 있는 로봇을 갖고 싶은데 엄마가 사 줄 수 있는지를 알아본다.
  ③ 하고 싶지만 참는다.
  하고 싶은 일을 할 수 없을 때에는 '하고 싶은 마음'을 참는다. 그냥 해 버리면 좋지

준비물
워크북 〈아이템 카드〉

않은 결과가 생길 수 있다. 예) 로봇을 갖고 싶지만 엄마가 지금은 돈이 없다고 하니 참는다.

④ 다른 것을 생각해 본다.

할 수 없었던 일 대신에 하고 싶은 다른 것들을 생각해 본다. 그중에서 할 수 있는 것을 선택한다. 예) 로봇을 사는 대신에 집에 있는 레고로 내가 로봇을 만든다.

⑤ 그대로 한다.

그대로 해도 되는 하고 싶은 일을 선택한 후에는 그대로 한다. 원하던 일을 해서 기분이 좋아질 수 있다.

6. 정리 10분

- 옆사람의 손을 잡고 돌아가면서 오늘 활동에서 느낀 점을 이야기 하게 한다.
- 오늘의 최고를 뽑은 후 축하해 준다.
- 평가 담당 치료자가 스티커를 붙여주고 평가를 한다.
- **오늘의 과제**: '마음 참기' 아이템을 이용해 하고 싶지만 할 수 없는 상황에서 어떻게 했는지 그 예를 2개씩 적어 오기

준비물
워크북 〈오늘의 과제〉

스티커 기준

Blue

① 참석 | ② 지각하지 않았을 때 | ③ 과제를 해 왔을 때 | ④ 〈활동 1〉 상황에 걸맞은 의견을 제시했을 때 | ⑤ 〈활동 2〉 역할극에 적극적으로 참여했을 때 | ⑥ 바른 자세로 앉아 있을 때
⑦ 오늘의 최고

Yellow

① 싸우거나 때리기 | ② 욕하기 | ③ 거짓말하기 | ④ 친구 놀리기
⑤ 경고 3번 이후에도 선생님 말을 안 들었을 때

Tips

❶ 발표 아동에게 명탐정 코난과 같은 말투와 제스처 사용을 유도해 흥미 있게 진행한다. 아이들이 발표한 다양한 결과들을 다 인정해 주되, 미움을 참는 측면에 초점을 맞춘다.

❷ 역할극에서 희망자가 없거나 많이 하고 싶어하는 역의 경우는 뽑기나 가위바위보를 통해 정한다. 즉흥극의 내용은 아이들이 자유롭게 구성하도록 하되 그에 따른 적절한 결과가 도출되도록 유도한다.

10 놀리거나 때릴 때는 어떻게 하지?

목표 | ❶ 놀림을 당할 때 느끼는 감정들을 공감한다.
❷ 친구들이 놀리거나 때릴 때 적절하게 대처하는 방법을 배운다.

회기 구성

1. 인사, 복습 과제와 규칙 확인, 노란 스티커 떼기(평가) **15분**
2. 촉진 게임: 박수왕 선발 대회 **10분**
3. 〈활동 1〉 놀리거나 때릴 때는 어떻게 하지? **15분**
4. 〈활동 2〉 친구들이 놀릴 때 나는 어떻게 했지? **20분**
5. 〈활동 3〉 날 놀리지 마! **30분**
6. 놀릴 때 대처하기 기술 배우기 **20분**
7. 정리 및 과제 내 주기 **10분**

워크북 64~70쪽

활동 내용

준비물
이름표, 출석표, 규칙판, 스티커판, 문제 해결 4계단 그림판, 스티커

1. **인사, 복습, 과제와 규칙 확인 15분**
   - 치료자는 아동과 인사를 한 후 과제를 확인하고 스티커를 준다.
   - 프로그램 시작할 때 10분 정도 배정하여 '노란 스티커 떼기'를 시행한다. 회기 끝에 붙어 있는 평가지를 이용하여 프로그램의 이해도에 대한 평가를 시행한다. 정해진 점수 이상을 받은 경우 게시되어 있는 평가판에서 노란 스티커를 3개씩 떼어 준다.
   - 교실에서 정한 규칙을 소리 내어 읽어 보며 확인한 후 벽에 게시한다.
   - 지난 시간에 배운 문제 해결 4계단을 같이 읽으면서 벽에 게시한다.
   - 단체 스티커 부착판도 함께 게시한다.

- 지난 시간 습득한 사회 기술 아이템을 읽어 본다.

2. 촉진 게임 10분

- **박수왕 선발 대회** '떴다 떴다 비행기' 노래에 맞춰서 '비행기' 라는 단어가 나올 때마다 박수를 친다. 노래를 다 마치고 박수 친 횟수를 물어본다.
- 같은 방식으로 '나비야' 라는 노래에 맞춰서 '나비' 라는 단어가 나올 때마다 박수를 친 뒤, 노래를 마치고 나서 박수를 친 횟수를 물어본다.
- 치료자가 1분 동안 몇 번의 박수를 치는지 잘 듣고 알아맞힌다.

3. 〈활동 1〉 놀리거나 때릴 때는 어떻게 하지? 15분

- 워크북(p. 66): 친구가 돼지라고 놀린다
- 그림을 보고 어떤 일이 일어나고 있는 상황인지, 어떤 기분일지, 다음에는 어떤 일이 일어날지에 대해서 희망자가 발표하도록 한다.

준비물
워크북 〈활동 1〉, 화이트보드

4. 〈활동 2〉 친구들이 놀릴 때 나는 어떻게 했지? 20분

- 아동들에게 예전에 놀림을 당했던 경험과 그때 어떻게 했는지를 워크북(p. 67)에 적어 보게 하고 말해 본다.
- 그때 기분과 왜 놀린다고 느꼈는지도 아이들에게 물어본다.
- 놀리는 상황에서 자신이 생각한 효과적 방법에 대해 이야기한다.

준비물
워크북 〈활동 2〉

5. 〈활동 3〉 날 놀리지 마! 30분

- 빈 의자에 쿠션과 같이 부드럽고 부피가 있는 것을 올려놓고 놀리는 아이라고 가정한다.
- 놀리는 아이에게 해 주고 싶은 말이나 행동을 쿠션에게 자유롭게 하게 한다.
- 아이들이 차례대로 돌아가면서 쿠션에 한해서 때리기, 던지기 등 분노도 자유롭게 표현할 수 있도록 허용한다.
- 아이들이 돌아가면서 쿠션의 입장이 되어 쿠션이 하고 싶은 말도 해 보게 한다.

준비물
쿠션,

6. 놀릴 때 대처하기 기술 배우기 20분

- 역할극에서의 보일 수 있는 분노 표출 외에도 효과적인 대처 방법이 있음을 자연스럽게 소개한다.
- 워크북의 아이템 카드를 오린 뒤 공란에 아이들이 스스로 생각해 낸 방법을 적게 한다.

준비물
워크북 〈아이템 카드〉

〈사회적 기술 – 놀릴 때 대처하기〉

① **무시한다**: 자꾸 놀릴 때 반응을 하면 더 놀리는 친구들이 있다. 그냥 모른 척 무시를 하면 더 놀리지 않을 수 있다.

② **놀리지 말라고 말한다**: '놀리지 마.' 라고 놀리는 사람의 눈을 쳐다보며 또렷한 목소리로 이야기한다. 다른 사람이 내 뜻을 알 수 있다.

③ **계속 놀리면 경고한다**: 계속해서 놀리면 '선생님께 이야기하겠다!' '어른들한테 알릴 거다.' 라고 이야기한다. 어른들의 꾸중이 싫으면 놀리지 않을 것이다.

④ **어른에게 도움을 요청한다**: 내가 해도 문제가 해결되지 않을 때에는 어른들에게 가서 도움을 요청한다. 싸우지 않도록 어른들이 도와줄 수 있다.

⑤ **자리를 피한다**: 같이 싸우는 것보다는 그 사람을 무시한 채 다른 곳으로 자리를 피하는 게 용기 있고 지혜로운 것임을 알려 준다.

7. 정리 10분

- 옆사람의 손을 잡고 돌아가면서 오늘 활동에서 느낀 점을 이야기하게 한다.
- 오늘의 최고를 뽑은 후 축하해 준다.
- 평가 담당 치료자가 스티커를 붙여 주고 평가를 한다.
- 오늘 배운 사회적 기술을 정리해 준다.
- **오늘의 과제**: 오늘 배운 아이템 기술을 친구들이 놀릴 때 적용해 보고 워크북의 과제란에 작성해 보기

준비물
워크북 〈오늘의 과제〉

스티커 기준

Blue

① 참석 | ② 지각하지 않았을 때 | ③ 과제를 해 왔을 때 | ④ 〈활동 1〉 상황에 걸맞은 의견을 제시했을 때 | ⑤ 〈활동 2〉 상황에 걸맞은 의견을 제시했을 때 | ⑥ 〈활동 3〉 역할극에 참여
⑦ 바른 자세로 앉아 있을 때 | ⑧ 오늘의 최고

Yellow

① 싸우거나 때리기 | ② 욕하기 | ③ 거짓말하기 | ④ 친구 놀리기
⑤ 경고 3번 이후에도 선생님 말을 안 들었을 때

Tips

❶ 아이들의 감정에 대해서 공감을 해 주고 초등학교 때 친구들이 놀리는 상황은 나 혼자만이 겪는 것은 아니며 당하는 아이들이 잘못하거나 이상해서 그런 것이 아니라는 것을 알려 준다. 놀림당하는 경험을 하지 않았다고 하는 경우에는, 자신이 보았던 다른 친구의 경우를 적어도 된다고 하며 만일 자신이 그런 상황이 된다면 어떻게 하면 좋을지를 적도록 한다.

❷ 역할극은 아이들의 분노가 다른 아이들이나 물건으로 확대되지는 않도록 하되 도덕적으로 흐르지 않도록 한다. 즐거운 분위기에서 진행하며 중간중간 다른 아이들의 소감도 물어보고 바람직한 대처를 할 때에는 긍정적인 강화를 해 준다.

11 나 뿔났어!

목표

❶ 화가 날 때 대응하는 다양한 방법을 생각한다.
❷ 화가 날 때 참는 방법을 배운다.
❸ 화난 감정을 다르게 바꿀 수 있는 방법을 배운다.

회기 구성

1. 인사, 복습, 과제와 규칙 확인 **15분**
2. 촉진 게임: 누가 누가 더 오래 참을까? **10분**
3. 〈활동 1〉 천사와 악마의 귓속말 **35분**
4. 화 참기 기술 배우기 **20분**
5. 기분 좋아지기 기술 배우기 **30분**
6. 정리 및 과제 내 주기 **10분**

워크북 71~75쪽

활동 내용

1. 인사, 복습, 과제와 규칙 확인 15분

- 치료자는 아동과 인사를 한 후 과제를 확인하고 스티커를 준다.
- 교실에서 정한 규칙을 소리 내어 읽어 보며 확인한 후 벽에 게시한다.
- 지난 시간에 배운 문제 해결 4계단을 같이 읽으면서 벽에 게시한다.
- 단체 스티커 부착판도 함께 게시한다.
- 지난 시간 습득한 사회 기술 아이템을 읽어 본다.

준비물
이름표, 출석표, 규칙판, 스티커판, 문제 해결 4계단 그림판

2. 촉진 게임 10분

- **'누가 누가 더 오래 참을까?' 소리 오래 내기 게임** 참여 아동이 한꺼번에 숨을 들이마신 후 '우' 소리를 내는 게임. 오래도록 소리를 내는 사람이 이기는 것이다.
- '도레미파 ~' 중에서 한 가지로 음을 정해서(낮은 음을 선택하도록 한다.) 소리를 낸다.

3. 〈활동 1〉 천사와 악마의 귓속말 35분

- 워크북(p. 73): 친구가 먼저 때려서 싸웠는데 마침 내가 때리는 것을 본 선생님이 나만 야단을 쳤다.
- 먼저 어떤 상황인지, 척척이가 어떤 기분일지를 이야기한다.
- 이 상황에서 천사와 악마가 어떻게 나에게 속삭일까를 물어본 후, 두 조로 나누어 천사와 악마의 입장에서 말하게 한다.

준비물
워크북 〈활동 1〉, 화이트보드, 문제 해결 4계단 그림판

예) 악마의 귓속말: 선생님께 소리를 지른다. 뛰쳐나와 버린다. 나중에 그 친구를 때린다. 친구가 먼저 때렸다고 이른다 등

예) 천사의 귓속말: 자기 주장하기 아이템을 사용한다. 선생님이 말할 때는 억울하더라도 조용히 듣고 있는다. 때린 것에 대해서는 친구에게 미안하다고 사과한다.

- 보조 치료자는 아이들이 말하는 것을 화이트보드에 적는다.
- 천사든 악마든 어떤 귓속말이 가장 좋은 결과가 될지를 논의한다.
- 이러한 생각 과정을 문제 해결 4계단을 이용해서 되짚어 본다.

4. 화 참기 기술 배우기 20분

- 화 자체는 나쁜 것은 아니지만 이후 성급한 행동 때문에 나쁜 결과를 가져올 수 있다. 우선 화를 잘 참는 것이 중요함을 설명한다.
- 워크북의 아이템 카드를 오린 뒤 공란에 아이들이 스스로 생각해 낸 방법을 적게 한다.
- 아이템 카드대로 같이 시행해 본다.

준비물
워크북 〈아이템 카드〉

〈사회적 기술 – 화 참기 텐텐텐〉

① 마음속으로 10까지 센다.
천천히 1에서 10까지 헤아리는 동안 화가 점점 줄어들면서 화를 참을 수 있게 된다.

② 심호흡을 10번 한다.
천천히 심호흡을 하면서 마음을 가다듬으면 마음이 편안해질 수 있다.

③ 눈을 천천히 10번 감았다 뜬다.

눈을 천천히 감았다 뜨는 것은 마음을 진정시킬 수 있는 시간을 갖게 해 주고 얼굴 표정을 편안하게 만들 수 있도록 도와준다.

④ '난 괜찮아' 라고 속으로 10번 이야기한다.

'난 괜찮아' '별일 아니야' '진정하자' 등의 말들을 마음속으로 10번씩 해 보는 동안 마음이 진정된다.

5. 기분 좋아지기 기술 배우기 30분

- 화가 났을 때 일시적으로 참을 수는 있지만 화가 난 느낌은 오래 갈 수 있다. 이럴 때 화난 기분에서 좋은 기분으로 바꾸어 주는 기술이다.
- 워크북의 아이템 카드를 오려서 가지고 공란의 카드에는 아이들이 스스로 생각해 낸 방법을 적게 한다.
- 이 중에서 종이 찢기와 노래 부르기는 실제로 해 본 후 느낌을 물어본다.

준비물
워크북 〈아이템 카드〉,
찢을 수 있는 종이

〈사회적 기술 – 기분 좋아지기〉

① 맛있는 것을 먹는다.

기분이 너무 나쁠 때에는 떡볶이나 초콜릿, 피자와 같이 좋아하는 맛있는 음식을 먹으면 기분이 좋아지기도 한다.

② 종이 찢기를 한다.

종이를 작게 작게 찢으면 마음속에 있는 화와 나쁜 감정들도 작아질 수 있다.

③ 다른 사람에게 이야기한다.

다른 사람들에게 내가 화난 이야기를 하면 위로를 받을 수 있다.

④ 놀거나 운동을 한다.

내가 좋아하는 놀이와 운동을 하면 기분이 좋아져서 화난 일들을 잊어버릴 수 있다.

⑤ 노래를 한다.

좋아하는 노래를 즐겁게 부르면 기분이 즐거워지면서 화가 사라지게 된다.

6. 정리 10분

- 옆사람의 손을 잡고 돌아가면서 오늘 활동에서 느낀 점을 이야기하게 한다.
- 오늘의 최고를 뽑은 후 축하해 준다.
- 평가 담당 치료자가 스티커를 붙여주고 평가를 한다.

준비물
워크북, 스티커

- **오늘의 과제:** 기분 전환하는 기술을 다 사용해 본 후 그중에서 효과가 좋은 것 2개 적어 오기

스티커 기준

Blue

① 참석 | ② 지각하지 않았을 때 | ③ 과제 완성 | ④ 〈활동 1〉 천사와 악마 귓속말에 자발적으로 참여하는 아동 | ⑤ 바른 자세로 앉아 있을 때 | ⑥ 오늘의 최고

Yellow

① 싸우거나 때리기 | ② 욕하기 | ③ 거짓말하기 | ④ 친구 놀리기
⑤ 경고 3번 이후에도 선생님의 말을 안 들었을 때

Tips

❶ 부정적이고 공격적인 귓속말이라도 아이들이 말하는 그대로를 화이트보드에 적는다. 귓속말을 발표할 때에는 왜 그런 방법이 좋은지에 대해서도 물어본다. 부정적인 방법이 가장 공감을 받을 경우, 치료자가 좀 더 긍정적인 방법을 추가로 제시해 준다.

❷ 실제 시행하는 행동은, 아이들이 원하는 것 중에서 자유롭게 선택해도 된다.

12 척척 교실 수료식: 참 잘했어요. 이제부터 시작입니다!

목표
❶ 교실에서 배운 전체 내용을 정리하고 숙지한다.
❷ 교실에서 했던 긍정적 활동들에 대해 보상을 해 준다.
❸ 그동안 배운 기술들이 사회적 상황에서 지속적으로 연습하는 것이 중요함을 알도록 한다.

회기 구성

1. 인사, 복습, 과제 확인 **10분**
2. 촉진 게임: 친구들아 사랑해 **10분**
3. 〈활동 1〉 비눗방울 색칠하기 **20분**
4. 〈활동 2〉 나의 아이템 카드 **30분**
5. 〈활동 3〉 여러분 참 잘했어요! **30분**
6. 정리 및 작별 인사 **20분**

워크북 76~80쪽

활동 내용

1. 인사, 복습, 과제 확인 10분

준비물
이름표, 필기도구, 규칙판, 문제 해결 4계단, 스티커판, 스티커

- 치료자는 아동과 인사를 한 후 과제를 확인하고 스티커를 준다.
- 교실에서 정한 규칙을 소리 내어 읽어 보며 확인한 후 벽에 게시한다.
- 지난 시간에 배운 문제 해결 4계단을 같이 읽으면서 벽에 게시한다.
- 단체 스티커 부착판도 함께 게시한다.
- 지난 시간 습득한 사회 기술 아이템을 읽어 본다.

2. 촉진 게임 10분

- **"친구들아 사랑해" 게임** 먼저 치료자가 한 아동에게 다가가서 그 아동을 5초 정도 안아 주

며 "○○야 사랑해. 하나, 둘, 셋, 넷, 다섯"이라고 이야기한다. 그 후 처음으로 안겼던 아동과 치료자가 다시 다른 아동들에게 가서 동일한 안아 주기 절차를 시행한다. 이렇게 하여 모든 아동과 치료자가 한 번씩 서로를 안아 주도록 한다.

3. 〈활동 1〉 비눗방울 색칠하기 20분

- 1~11회기까지 배웠던 것들을 정리하며 복습해 본다.
- 워크북과 그동안 모았던 아이템 기술들을 설명한다.
- 워크북(p. 77)에 있는 각각의 아이템 기술 제목이 적힌 비눗방울들을 하나하나 색칠해 가도록 한다.

준비물
워크북 〈활동 1〉, 색연필

4. 〈활동 2〉 나의 아이템 카드 20분

- 아동들이 〈활동 1〉에서 정리한 사회 기술 아이템 카드를 보고 자신이 가장 좋아하는 아이템 카드 기술, 자신에게 가장 도움이 된 아이템 카드 기술이 무엇이었는지를 자유롭게 발표하도록 한다.
- 보조 치료자가 아이들이 발표한 아이템 카드 기술을 적고 그 옆에 그 기술을 발표한 아동의 이름을 함께 적어 주며 화이트보드에 정리한다.

준비물
워크북 〈활동 2〉, 화이트보드

5. 〈활동 3〉 여러분 참 잘했어요! 30분

- 게시되어 있던 스티커판의 내용들을 살펴보고, 척척 교실 1등을 뽑아 상장을 주고 다른 아이들에게도 '자격증'을 주어 그동안의 행동을 보상해 준다.

준비물
상장, 자격증

6. 정리 20분

- 정리를 하며 간단한 다과 파티로 프로그램을 마무리한다.

준비물
과자, 음료 등

스티커 기준

Blue

① 참석 | ② 지각하지 않았을 때 | ③ 과제 완성 | ④ 〈활동 1〉 비눗방울 색칠하기에서 배운 아이템 기술을 발표할 때 | ⑤ 〈활동 2〉 내가 가장 좋아하는 아이템 기술을 적절하게 발표할 때
⑥ 바른 자세로 앉아 있을 때

Yellow

① 싸우거나 때리기 | ② 욕하기 | ③ 거짓말하기 | ④ 친구 놀리기
⑤ 경고 3번 이후에도 선생님의 말을 안 들었을 때

Tips

❶ 본 회기가 마지막 회기임을 아동들에게 설명해 준다.

❷ 포옹을 한 후 쑥스러워 금방 안는 척만 하고 바로 포옹을 푸는 것을 막기 위해 하나에서 다섯까지 천천히 헤아리며 안아 주도록 한다.

❸ 색칠하기보다는 각 아이템 기술을 정리하는 내용에 집중하도록 유도한다.

❹ 자발적으로 발표가 이루어지지 않을 경우 보조 치료자가 먼저 발표를 하도록 하여 아이들이 모델링을 하도록 한다.

❺ 1등을 뽑았지만, 모든 교실 아이들이 잘했으며 유능한 자격을 갖게 되었다는 점을 강조해 준다. 1등을 선발한 기준에 대해 아이들에게 명확하게 설명해 주어야 하며 blue를 가장 많이 받은 아이와, yellow를 가장 적게 받은 아이에게는 으뜸상을 준다.